湖南省社会科学成果评审委员会课题：
民族传统武术引入高职院校体育课程路径研究（XSP2023JYC281）

警察

Police unarmed
defense and control

徒手防卫与控制

主　编 ⊙ 潘海湘　向　阳

副主编 ⊙ 柴龙铣　罗　鲲

编　委 ⊙ 冯啸炜　刘志华　张玉龙

POLICE
POLICE
POLICE
POLICE

中南大学出版社
www.csupress.com.cn

·长沙·

图书在版编目（CIP）数据

警察徒手防卫与控制／潘海湘，向阳主编. --长沙：
中南大学出版社，2025.1.
　　ISBN 978-7-5487-6117-4
　　Ⅰ. G852.42
中国国家版本馆 CIP 数据核字第 2024UQ4765 号

警察徒手防卫与控制
JINGCHA TUSHOU FANGWEI YU KONGZHI

潘海湘　　向阳　主编

□出 版 人	林绵优
□责任编辑	郑　伟
□责任印制	唐　曦
□出版发行	中南大学出版社
	社址：长沙市麓山南路　　　　邮编：410083
	发行科电话：0731-88876770　　传真：0731-88710482
□印　　装	湖南省众鑫印务有限公司

□开　　本　787 mm×1092 mm　1/16　□印张 9.25　□字数 225 千字
□互联网+图书　二维码内容　视频 103 分钟
□版　　次　2025 年 1 月第 1 版　　□印次 2025 年 1 月第 1 次印刷
□书　　号　ISBN 978-7-5487-6117-4
□定　　价　45.00 元

　　监所人民警察肩负着维护监所安全和秩序的重要职责，在维护监所安全和秩序的过程中，面临着各种复杂的情况。为了保障自身安全，有效应对突发事件，并确保在必要时能够采取适当的防卫和控制措施，监所人民警察需要具备扎实的徒手防卫与控制技能。掌握正确的徒手防卫与控制措施对于保障自身安全、有效执行职务至关重要。

　　为深入推动习近平法治思想进教材，全面落实司法部《关于2024—2026年全国司法行政系统监狱戒毒人民警察实战大练兵的指导意见》的文件精神，我们结合警察类专业人才培养方向和岗位警务技能需求，编写了这本《警察徒手防卫与控制》，旨在为警察类院校学生和现役监所人民警察提供全面、系统的训练指导，帮助他们提高应对危险情况的能力。

　　本教材的编写以科学、实用为原则，结合了国内外先进的防卫与控制理念和技术，涵盖了监所人民警察在执法过程中可能遇到的各种情况和应对方法。教材共有5个模块单元，从执法理论、身体素质训练、徒手防卫、徒手控制、考核标准5个方面展开，详细讲解关于徒手防卫与控制的专业知识和技能训练。

　　希望能够通过本教材系统的理论讲解和实战应用训练，帮助警察类院校学生和现役监所人民警察提高自身素质和能力，为维护社会安全和秩序做出更大的贡献。同时，也希望广大读者对本教材提出宝贵的意见和建议，以便不断改进和完善。

　　最后，感谢所有为本教材的编写和出版付出辛勤努力的人员，以及支持和关注本教材的各界人士。

2024年7月

目 录

学习单元一 警察徒手防卫与控制的基础理论

学习目的

1. 深入学习领悟习近平法治思想，确保价值引领，明确队伍属性。
2. 使学员掌握徒手防卫与控制的概念及基本特征，使得学员在执法时能够正确地采用相应的执法方法，降低执法风险。
3. 使学员掌握监所突发事件执法对象的暴力等级划分，便于学员在执法时正确地采用相应的执法对抗强度。
4. 使学员掌握战术小组流程、了解影响武力使用的因素，便于学员成为监所人民警察后更好地执法。

学习任务 1　人民警察要加强法治意识

党的十八大以来，以习近平同志为核心的党中央十分重视全面依法治国，以前所未有的力度和举措推进全面依法治国。在推进中国特色社会主义伟大实践中，习近平总书记富有预见性、前瞻性、战略性地提出了关于全面依法治国的一系列重要命题和崭新理论，形成了习近平法治思想这一体系完备、科学严密的思想体系，成为法治中国建设的根本遵循。

警察法治建设要以习近平法治思想为指导，全面贯彻法治理念，坚持依法治国、依法行政、依法执法的原则，加强法治意识，提升执法能力和水平，具体要求如下。

（1）坚持法治理念。人民警察要始终坚持法治思维，使法治精神贯穿执法活动的全过程，确保所有执法行为都有法律依据。

（2）强化法律素养。加强警察的法律知识和法律技能培训，确保每位警察都能熟练掌握和运用相关的法律法规。

（3）规范执法行为。制定和完善执法规范，明确执法程序和标准，确保执法活动公正、公开、透明。

(4)保障人权。在执法过程中，要尊重和保障人民群众的合法权益，避免滥用职权。

(5)严格执法监督。建立健全执法监督机制，对执法活动进行全程监督，确保执法公正。

(6)提高执法效能。通过科技手段和现代管理方法，提高执法效率，缩短案件处理时间，提升执法效果。

(7)强化责任追究。对执法中的违法违纪行为，要严肃追究责任，形成有力的震慑。

(8)提升服务意识。警察在执法的同时，要提供优质服务，方便群众，提升群众的满意度和获得感。

(9)加强职业道德建设。培养警察良好的职业道德，形成良好的警民关系，增强公众对警察的信任。

(10)完善法律体系。不断修订和完善与警察执法相关的法律法规，为执法活动提供更加坚实的法律基础。

(11)推动法治宣传教育。通过多种形式普及法律知识，提高人民群众的法治意识，形成全社会尊法学法守法用法的良好氛围。

(12)加强队伍管理。建立和完善警察队伍管理制度，提高队伍的正规化、专业化、职业化水平。

这些要求旨在确保警察队伍能够更好地服务人民，维护社会稳定，促进社会公平正义，推动法治国家建设，规范警察执法。

📋 学习任务2 警察徒手防卫与控制的概念及意义

一、警察徒手防卫与控制的概念

徒手防卫与控制技术是警察在执行警务活动中有效实施防护、控制和制止暴力行为的基本强制手段。它主要包括基本身体素质训练及人体要害认知、基本身体戒备姿势、步法移动技术、基本防护技术、基本解脱技术、基本反击技术、基本控制技术、基本搜身及押解带离技术。

执法实践表明，警察在紧张的临战状态下，面对形形色色的执法对象，如果不能对自身行为，对执法对象的举动，对外在环境、条件、状况采取合理有效的控制手段和方法，不能在积极防范和严密控制的基础上实施对执法对象的控制，往往会导致局面的失控及危险的发生，甚至可能出现危及警察生命安全的严重后果。特别是在处置严重暴力执法对象时，必须站在时刻提防暴力拒捕反抗的立足点上，采取能够限制甚至剥夺其反抗能力的方法和手段来防止危险的发生。

二、掌握警察徒手防卫与控制技能的意义

(一)降低危险发生的可能性

(1)在任何情形下,警察应以避免出现暴力冲突和武力对峙为行动的重要目的,并严格依法刑罚。

(2)警察应具备与危险打交道的意识和技巧。

(二)减少或避免遭受执法对象的不法侵害

不法侵害是由以下情况造成的。

(1)防卫意识不强。

(2)法律意识不强。

(3)观念上重勇轻谋。

(4)执法行动不规范、不讲程序。

(5)警察体能、技能、战术等克敌制胜本领不过硬。

(6)法律保障不健全。

(三)提高警察的防护意识

警察的防护意识实际上是一种心理活动,其核心是警察在现场执法时的心理准备。

反映警察防护意识的三个方面是:(1)先期估计;(2)保持高度的警惕性;(3)树立必胜的信心。

(四)强化法律意识和行动程序意识

(1)强化法律意识和行动程序意识是适应警务活动的基本要求。

(2)树立先进的训练理念是强化法律意识和行动程序意识的保障,也是提高警务技能、做好战术训练工作的前提。

学习任务3　现场执法控制的特征及内容

一、现场执法控制的特征

(一)依法执法

要实现依法执法,必须重视三个方面:(1)法律保障要健全;(2)执法行为规范要建立和落实;(3)强化有针对性的、实战性强的训练。

（二）限制执法对象的行为

警察执法的目的就是控制执法对象的行为，降低执法风险，体现为以下三个方面。

（1）限制执法对象的行为是降低危险发生的重要环节。

（2）限制执法对象的行为是警察意图的反映。

（3）限制执法对象的行为是警察评估状况、加强控制措施、灵活有效地处置的前提。

（三）现场执法控制是一种战术行动

现场执法控制是一种战术行动，体现在执法的全过程之中：在开始阶段，警情发生，需要进行情况的收集、分析、判断；在处置中期，警察采取的行动方式，警察间的分工配合，采用的手段方法；在处置后期，现场证据的保全收集，对执法对象进行可控制处理。该过程受法律保障，同时也受法律制约，整个过程要在可控制范围内，这是一种执法策略。

二、现场执法控制的内容

（一）现场执法语言控制

现场执法语言控制指警察在临场依法处置执法对象时使用语言命令、责令或要求执法对象保持或者做出某一行为，以达到控制执法对象身体活动目的所采取的语言方法。

警察在现场执法时要根据情况，通过语言将自己的意图明确告诉执法对象，使其知晓必须怎么做、不能怎么做，以及一旦违反警察命令时的后果，这是语言控制最主要的作用。同时，语言控制也是降低危险发生的可能性，有利于警察接近执法对象并实施抓捕的有效途径。值得注意的是，临场使用语言控制时要凭借一定的优势条件，以保证语言控制的有效实施。例如：执法对象势孤力单时，可以凭借警力优势，此时语言控制的效果就会更加显著；警察可以凭借装备和火力优势压制执法对象，使其不敢轻举妄动，这时语言控制的效果也会十分突出。在现场执法时，警察也可使用语言严正职责，晓之以理，动之以情，瓦解执法对象负隅顽抗的心理，有效降低危险发生的可能性，避免暴力对抗升级等后果。

现场执法语言控制的主要作用表现在以下几个方面：（1）从心理上占据优势；（2）正确使用语言控制，有利于降低危险发生的可能性；（3）为依法执法创造条件；（4）有利于警察之间的协同配合。

（二）现场执法动作控制

现场执法动作控制指警察在接近执法对象的最后阶段及实施控制阶段，为迅速有效地控制执法对象所采取的具有较强针对性的合理技术动作。

警察临场处置执法对象是以控制执法对象为行动目的的。从动作方式上讲，只有靠近执法对象才能对其实施控制。一般来说，离执法对象越近，危险性就越高。因此，警察的防卫意识要随着与执法对象距离的缩短而逐渐加强，特别是当警察移动到与执法对象不足一米距离的危险区域内时，警察的徒手控制、上铐、搜身、带离等动作必须能够有效控制执法对象，以防其乘机抢夺警察的装备进行反抗，或用隐藏的凶器突然袭击。所以，迅速有效的动作控制在实践中至关重要。

现场执法动作控制一般在控制执法对象的最后阶段使用。其内容包括地形地物的利用、位置角度的选择、合理移动的方法以及徒手控制、上铐、搜身等技术动作的应用等。这些内容在实践中可以形成一个有机的连续过程。例如：警察要根据执法对象的特征、环境条件等情况调整自己的实战姿势，以使防护、进攻、隐蔽等动作随机而动；还有充分利用地形地物掩护自己，合理选择接近位置，以相互间有效的动作配合来保持警力及武力优势，控制执法对象；在抓捕时，要按规范技术动作对执法对象进行控制、搜身、上铐、带离。这些都是警察消除潜在危险，防止执法对象拒捕行凶的有效手段。

现场执法动作控制在实践中应注意以下几点：（1）讲究接近方法；（2）动作迅猛，制服果断；（3）以擒拿控制为主，以踢打技术为辅；（4）始终重视控制执法对象的手臂；（5）注意协同配合，职责分工明确；（6）根据环境条件、执法对象特征，选择合理有效的抓捕方法。

（三）现场执法武器控制

现场执法武器控制指警察依法使用武器，以武器的威慑力或武力的优势来限制执法对象的行为，为达到控制执法对象的目的而采取的武力方法。现场执法武器控制的实际运用对警察的实战技能水平提出了很高的要求。合理使用武器控制是警察临场处置暴力执法对象的主要手段。黑社会团伙性质的执法对象暴力拒捕反抗事件的日益增多，给执法警察的生命安全构成了极大的威胁。因此，在临场处置时，警察必须具有对付这类暴力执法对象的强烈意识和良好的物质、心理准备，充分发挥武器的效能来占据对抗的优势。

现场执法武器控制一般运用于缉捕或处置执法对象的暴力全过程中，而且常常和语言控制结合使用。在实践中，应重视通过语言命令和武器威慑力来强迫执法对象按照警察的意图行事，尽量降低武力升级的可能性，以免造成更严重的后果。如果执法对象暴力抵抗拘捕，警察应依法果断使用武器将其制服。

合理使用武器控制，应注意以下几个方面：（1）了解和掌握装备武器的性能，注重发挥武器的效能；（2）掌握使用武器的法律规定和基本原则；（3）熟练掌握武器控制的战术步骤。

学习任务4　监所突发事件的暴力等级、处置措施及警察战术小组流程

既然是执法，就会产生对抗。既然有对抗，就会体现出对抗强度，有强度就会产生一定的风险。如何正确区分对抗强度，以便警察采用相应的执法强度，维护法律的尊严和保障执法的安全，是每一个警察应该了解和掌握的。

一、监所突发事件中执法对象的暴力等级

在监所突发事件中，执法对象的暴力等级划分是警察使用武力对等原则的依据，只有

分类清晰了，运用才更有针对性。执法对象的对抗表现强度有如下分类。

（一）畏服

畏服指完全服从监所人民警察指令，态度积极配合。

（二）心理抵抗

心理抵抗指没有语言抗拒，但有抵触心理的态度表现。

（三）语言对抗

语言对抗指口头表现出不服从，狡辩对抗；行为上能够服从（如果不服从就属于消极对抗），但极不情愿。

（四）消极对抗

消极对抗指低暴力，不听从警告、命令，辱骂警察，用行为阻止警察执法，但对抗程度不会伤及任何人。其表现形式有：（1）指骂警察；（2）不服从命令；（3）擅自离开；（4）推拉警察；（5）抓握警察手臂；（6）抓握警察衣领；（7）推拉打骂他人。

（五）顽强对抗

顽强对抗指实质性地抗拒警察，但行为人攻击时有顾虑，多是对非要害部位的拳打脚踢，持械时多以恐吓、对峙为主，有可能伤及警察或他人，但主观上没有也不想有伤害的故意。在实践中，只要行为人持械对抗（虽然主观上没有伤害的故意），就要按照暴力对抗处置，紧急情况下（如暴力持械攻击）可按照致命攻击处置，如：（1）自伤自残行为；（2）徒手殴打他人行为；（3）双手掐警察颈部；（4）徒手攻击警察或对峙。

（六）暴力对抗

暴力对抗指具有主动攻击、殴打等对抗行为，可能造成警察或他人较严重的伤害。在暴力对抗中，行为人主观上虽没有取人性命的故意，但如果采取放任的态度，易造成执法对象重伤害。因此，只要行为人持利器对抗，就可按照致命对抗处置，如：（1）暴力徒手攻击他人；（2）持械（非利器）攻击他人；（3）暴力徒手攻击警察或对峙；（4）持械（非利器）攻击警察或对峙。

（七）致命攻击

致命攻击的目的是报复杀人或达不到目的就杀人，具有造成警察或他人重伤害或死亡的故意，在表象上与暴力攻击比较相似，如：（1）持利器对他人行凶；（2）持械（含利器、钝器、铁器等）袭警；（3）劫持警察；（4）劫持人质；（5）其他明显致死致残的攻击行为，如用绳索勒脖颈、暴力攻击要害部位等。

二、监所突发事件中警察的处置措施

根据以上执法对象反抗暴力的等级,处置措施相应地分为以下几类。

(一)警告控制

警告控制指警察通过采用语言、声响(如吹响警笛、电警棍的噼啪声、鸣枪)、警用装备的配备和展示(如取出警棍、持枪在手)、肢体语言甚至眼神、表情来达到促使行为人停止违法违规行为的一种控制手段。警告控制可以瓦解犯罪行为人的对抗意志,给其一个主动停止违法违规行为的机会,也是下一步采取其他强制措施在法律程序上的一个衔接。

在处理一般性违规事件时,如果执法对象服从警察的指令,可以单独采用警告控制。警告控制也是警察升级武力前的必要程序,通常在警告无效的情况下使用其他强制手段。

(二)温和控制

温和控制指警察徒手或使用警械具的非击打性控制技术,如压点控制、反关节控制等。温和控制以限制执法对象的行为为目的,只要执法对象不抗拒、不反抗,警察就不刻意制造强烈的生理痛楚。如果执法对象稍有反抗,警察就立即施加压力,上升为强硬控制,反抗较强烈时,采取倒地控制、警械具控制、击打后控制等强硬控制措施。

通常在控制带离消极以下对抗的执法对象时,或控制带离已被制服的消极以上对抗的执法对象时,需要使用温和控制手段。

(三)强硬控制

强硬控制包括徒手或警械具的非击打直接控制技术和击打后控制技术。强硬控制要求在控制或击打力度上先造成执法对象较大的、明显的生理痛楚并引发其心理恐慌,以达到制止或降低执法对象的暴力程度后再进行身体控制的目的。强硬控制不得造成任何实质性伤害。催泪剂、电警棍的使用属于强硬控制。

强硬控制表现为对关节、骨骼、神经力量较重的压迫、控制,以及神经的击打(大肌肉群的击打、腹部神经的击打等)。

强硬控制主要对付警察使用温和控制时极力反抗的,有自杀、自伤自残行为的,对抗强度较高(顽强对抗及以上)的对抗,以及有暴力倾向的持械对峙。

(四)武力控制

武力控制与强硬控制的技术相同,但在力度和击打部位上有可能造成执法对象一定程度的非致命性伤害,通过及时救治,在一段时间后大多可以得到恢复。

武力控制表现为对关节、骨骼、神经力量较重的压迫、控制,可能造成骨骼、关节的损伤;还表现为对人体各部位(头部、躯干、脏器、四肢、骨骼、关节)的击打,可能造成内伤、骨骼关节损伤。

武力控制主要对付行凶、暴力攻击,以及有严重暴力倾向的持械对峙。

（五）致命武力控制

致命武力控制与暴力控制的技术相同，但在力度和击打部位上有可能造成执法对象危及生命的严重伤害，即便通过及时救治也可能无法完全恢复而留下伤残。武器射击属于致命武力。

致命武力控制表现为力量较重的关节控制，可能造成包括颈椎、腰椎等要害骨骼、关节、神经的损伤；对重要脏器、头面部及其他部位的击打，可能造成包括颅骨损伤、脏器破裂、大出血等危及生命的严重损伤。

致命武力控制主要对付情况紧急的袭警、行凶、劫持、抢夺武器等可能造成严重危害的犯罪行为，由于条件所限（时间紧迫、技能有限等），没有其他更好的选择，可以依法剥夺行为人的生命权。在对付已经严重伤害警察的暴力对抗的执法对象时，可以选择致命部位进行攻击。

三、监所突发事件处置中的警察战术小组流程

（一）进行全面的安全形势评估

进行安全形势评估时，需要考虑以下问题。

（1）执法对象是否正在使用暴力。

（2）执法对象有没有武器。

（3）执法对象有没有同伙支持。

（4）执法对象的身体情况。

（5）执法对象所处位置对警察有没有安全威胁。

（6）周边有没有尖锐物。

（7）警察的人数多少，控制技术的水平如何，能不能完成处置任务。

（8）上级的指示是否明确（包括最高武力的级数）。

（二）制订行动方案

在全面分析判断的基础上，要制订二到三套行动计划，甚至更多的行动计划，以保证方案能够根据现场情况的变化而变化。全面、合理的行动计划应该包括以下几个方面。

（1）行动的方式（行动、心理、战术）。

（2）动用警察的人数及所需装备，任务分工及工作岗位职责。

（3）详细的战术练习，包括战术动作、行动暗号、战术分工、撤退的方式等，以确保行动时万无一失。

（三）行动实施

为了确保行动快速、安全、有效，在行动之前要再一次核对行动计划，明确任务、分工，进行行动前的情报核对。在确定无误的前提下，行动主管简单报告当前的形势，然后

分配岗位和责任(按需要而定),一般按任务要求、能力特长,将现场执法警察分成行动组、支持组、后勤医疗保障组、信息证据收集组等。

(四)行动后的善后处置

(1)报告指挥中心任务完成情况。
(2)及时救治伤员。
(3)及时封锁现场,勘查搜集证据。
(4)及时形成书面材料。

学习任务5　处置监所突发事件时影响警察使用武力的因素

警察使用武力时,一定要衡量事发时的总体情况,视情形使用武力,需要考虑的情况如下。

(一)事件的类型

(1)执法对象的身体及体能状况。
(2)执法对象的持械情况。
(3)人员的伤势状态。
(4)执法对象是否受到药物影响。
(5)监所的环境条件。
(6)执法对象是否有暴力倾向。
(7)执法对象的人数,现场警察的人数,是否有支持。
(8)与执法对象的距离和反应时间。要遵循以下原则:对一个手无寸铁的执法对象,警察可保持2米的最小距离;执法对象所持武器的类型决定着安全距离,如执法对象手持尖锐武器时,至少要保持7米的距离;一般情况下,警察的选择有进入或脱离两种(战与撤)。

(二)使用武力的注意事项

(1)使用武力是否与反抗成正比。
(2)受伤的性质。
(3)使用武力的人员是否克制。
(4)是否需要重度徒手控制。
(5)法律上的考虑。
使用武器的目的是暂时令执法对象失去反抗能力,不造成永久性伤害。要在重度徒手控制无效且不足以使用致命武力时使用武器。

学习单元二 身体素质训练

学 习 目 的

1. 了解人体的关节及运动特点。
2. 了解人体的要害部位。
3. 掌握身体素质的训练方法。

学习任务1 人体的主要关节及运动特点

警察徒手防卫与控制技术主要是利用人体反关节原理来约束执法对象的行动，使执法对象不能正常地活动，并使执法对象产生剧烈疼痛而放弃反抗。因此，掌握人体关节的特点和活动规律是有效掌握控制原理的基础。

一、桡腕关节

桡腕关节可做屈、伸、展、收等动作，伸的幅度比屈的幅度小，这是由于桡腕掌侧韧带较为坚韧，使后伸运动受到了限制。

屈曲：向手心方向运动称为屈腕，也叫掌的屈曲。参与完成动作的主要肌群为前臂屈肌群，具体为桡侧腕屈肌、掌长肌、尺侧腕屈肌、指浅屈肌、指深屈肌。

伸腕：向手背方向运动称为伸腕，也叫掌的背伸。参与完成动作的主要肌群为前臂伸肌群，具体为桡侧腕长伸肌、桡侧腕短伸肌、尺侧腕伸肌、指伸肌。

外展：外展手腕也叫桡偏。参与完成动作的主要肌肉有桡侧腕屈肌、桡侧腕长伸肌、桡侧腕短伸肌、示指伸肌。

二、肩关节

肩关节由肱骨头与肩胛骨的关节盂构成，是典型的球窝关节。关节盂小而浅，边缘附有盂唇；关节囊薄而松弛，囊内有肱二头肌长头腱通过；关节囊外有喙肱韧带、喙肩韧带及肌腱加强其稳固性，唯有囊下部无韧带和肌腱，最为薄弱，故肩关节脱位时，肱骨头常从下部脱出，脱向前下方。

肩关节由肩胛骨的关节盂与肱骨头组成，故又叫肩肱关节。肱骨头较大，呈球形，关节盂浅而小，仅包绕肱骨头的1/3，关节囊薄而松弛，肩关节是人体运动范围最大而又最灵活的关节，它可做前屈、后伸、内收、外展、内旋、外旋以及环转等运动。肩关节结构上的特点虽然保证了它的灵活性，但与其他关节相比较，它是全身大关节中结构最不稳固的关节。最常见的是向肩关节的前下脱位，因为肩关节的上方有肩峰、喙突及连于其间的喙肩韧带，可以防止肱骨头向上脱位。肩关节的前、后、上部都有肌肉、肌腱与关节囊纤维层围合，增强了其牢固性。关节囊的前下部没有肌肉、肌腱，这是肩关节的一个薄弱区。因此当上肢外展，在外力作用下或跌倒时，如上肢外展外旋后伸着地，肱骨头可冲破关节囊前下方的薄弱区，移出到肩胛骨的前方，造成肩关节前脱位。这时患肩塌陷，会失去圆形隆起的轮廓，形成所谓的"方肩"。在正常的情况下，肩关节的活动范围如下：前臂上举180度、内收45度、外展90度、外旋60度、前屈90度、后伸45度、内旋90度。肩关节的活动以胸锁关节为支点，以锁骨为杠杆，因此肩关节的活动范围又可因"肩胸关节"的活动而增加。肩关节的这些特点决定了肩部易发生上述疾患。

三、髋关节

髋关节由凹状的髋臼与凸状的股骨头构成，属于球窝结构，具有内在稳定性。髋关节的头、臼软骨面相互接触并传导重力，支撑人体上半身的重量，保证下肢的活动幅度。在众多的可动关节中，髋关节是最稳定的，能够完成日常生活中的大范围动作，如行走、坐和蹲等。

髋关节为多轴性关节，能做屈伸、收展、旋转及环转运动。但由于股骨头深嵌在髋臼中，髋臼又有关节盂缘加深，包绕股骨头近2/3，所以关节头与关节窝二者的面积差甚小，故运动范围较小。再加上关节囊厚，限制关节运动幅度的韧带坚韧有力，因此与肩关节相比，该关节的稳固性较大，而灵活性则较差。这种结构特征是人类直立步行，通过髋关节传递重力的反映。当髋关节屈曲、内收、内旋时，股骨头大部分脱离髋臼，抵向关节囊的后下部，此时若外力从前方作用于膝关节，再沿股骨传到股骨头，便容易发生髋关节后脱位。在正常状态下，髋关节所受的各个方向的力要保持平衡。当双足对称站立时，体重平均分布到双下肢，双髋平均承重。一侧下肢负重时，髋关节的负重为除去一侧下肢重量的体重，再加上外展肌肌力。此时，在负重髋关节股骨头上部一处会形成一个类似平衡杠杆系统中的支点。为了保持身体平衡，需要外展肌紧张，发挥平衡作用。若重心远离负重的髋关节，则承力增加；若重心移向负重的髋关节，则承力减少；重心全部移到负重的髋关节上,则外展肌承力为零,髋关节仅承受部分体重。

通常来说,作用于髋关节的力可分为张应力、压应力、弯曲应力和剪切应力四种。这些力的作用通过体重负荷和肌肉收缩作用综合表现出来。为适应直立行走、劳动的需要,人类的髋关节具有下列生物力学特点。

(1)股臂上端形成多平面弯曲角(颈干角、前倾角),与骨盆和下肢形成多曲结构。骨小梁呈多层网格状,应力分布合理,受力性能好,自重轻而负重大。

(2)具有自动反馈控制的特点,以此适应张应力和压应力的需要。股骨上端具有独特的扇形压力骨小梁系统和弓形横行的张力骨小梁系统,在转子平面又有另外的骨小梁系统。可根据受力大小,通过人体自动反馈系统的作用,提高或降低骨小梁的密度,使骨组织以最小的重量发挥最大的功效。

(3)髋关节的生物力学结构具有变异性。骨小梁组织的数量和质量受个体的职业、活动状况、内分泌、物质代谢、营养、年龄、健康状况等诸多因素的影响。

(4)股骨干的力学轴线是自股骨头的旋转中心至股骨内外髁的中点,股骨上端承受的剪切应力最大,所以股骨颈多因剪切应力而骨折,大转子以下多因弯曲和旋转应力而骨折。髋关节生物力学体系处于动态的平衡之中,随时可以调整并保持身体重心的稳定。骨小梁的分布和骨截面外形均适应外力作用的需要,能最大限度地防止弯曲应力的作用。

学习任务2 人体要害部位

了解人体解剖知识,掌握攻击的要害部位,不仅有利于正确理解技术动作,充分发挥动作威力,更可以有目的地进行自我保护。人体有些神经分布相当丰富、痛觉非常敏感的部位,在受到打击或压迫时,会疼痛难忍,甚至会出现昏迷、休克、死亡的严重后果。另外,人体的关节部位繁多,当关节承受超过生理机能限度的打击或压迫时,就会发生脱臼和韧带撕裂,乃至丧失正常生理机能。因此,这些部位在技击中便有特殊的意义,被称为要害部位。了解和熟悉这些要害部位有两个方面的意义:一是当自身和他人生命受到威胁时,可以利用强有力的手段攻击执法对象要害部位,一击必胜,迅速制止犯罪行为。二是可以在实战技击和训练中加强保护,尽量避免遭到伤害。以下是人体的要害部位,参见图2-2-1[①]。

1. 颈部

颈部两侧布满重要的血管、神经。颈动脉、迷走神经均沿颈两侧分布。如用手掌外缘猛砍执法对象颈外侧或后侧,可压迫颈动脉窦,使对方产生严重的心律不齐,并导致心力衰竭,从而在短时间内毙命。

2. 胸骨

胸骨是人体呼吸机能的重要部位,受到重击时,胸骨碎裂会造成呼吸困难,胸骨插入肺部会使肺泡破裂而致人死亡。

---

① 示范者:柴龙铣,湖南司法警官职业学院警体部教师。

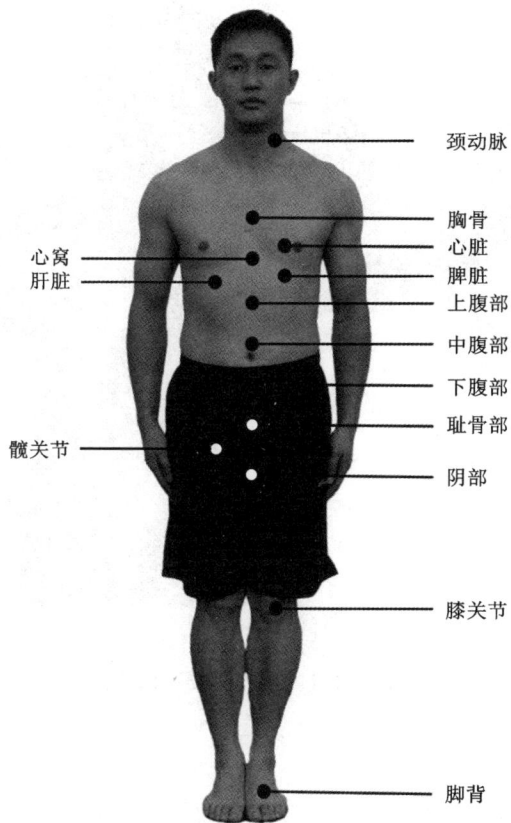

颈动脉

胸骨
心脏
心窝
脾脏
肝脏
上腹部
中腹部
下腹部
耻骨部
髋关节
阴部

膝关节

脚背

(1)

太阳穴
眼睛
鼻
人中
颈侧部
下颚
气管
肩关节
虎口

手腕关节
手背动脉

肘关节

(2)

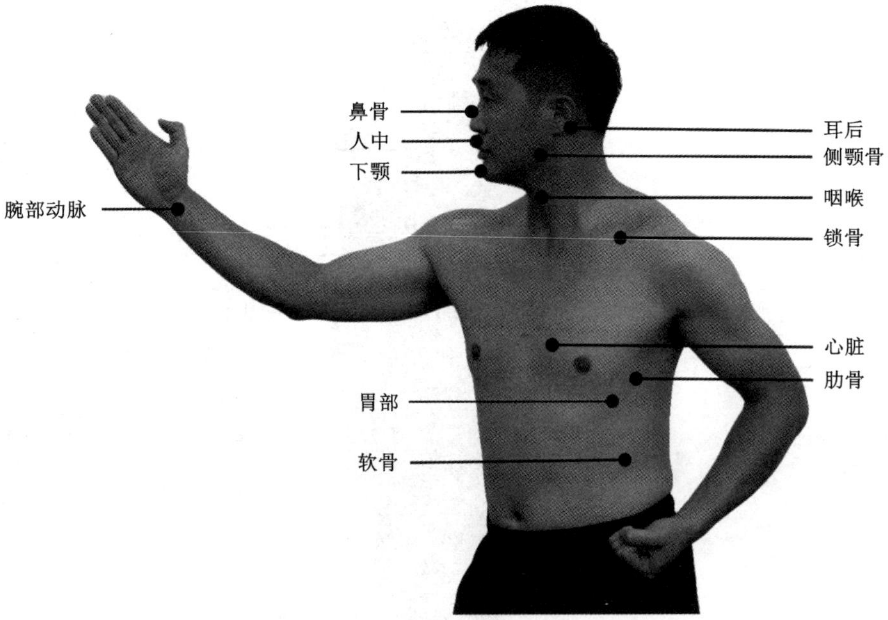

鼻骨
人中
下颚
腕部动脉

耳后
侧颈骨
咽喉
锁骨

心脏
肋骨

胃部
软骨

(3)

图 2-2-1　人体的要害部位

3. 心脏

心脏是血液循环的动力器官，通过有节律的收缩推动血液在血管中流动。当心脏受到严重伤害时，可导致死亡。

4. 上腹部、胃、肝脏、脾脏

人体的右上腹有肝胆，左上腹有胃、脾脏，两侧是肾脏，下腹是肠、膀胱等脏器。这些器官排列在腹腔壁内，并垂直压在骨盆上，离心脏较近，又有肠系膜，故受到外力的猛烈打击后，内脏血管会因外力压迫而膨胀，导致血液循环受阻，而且腹部壁腹膜神经末梢丰富，感觉灵敏，人会疼痛难忍。如果肝、脾、肾破裂出血，会导致人在短时间内死亡。

5. 中腹部、肚脐

中腹部被击中后，会冲击肋间的神经，并且震动肠管、膀胱等部位，身体会失灵。

6. 裆部

裆部是男子的要害。即便是妇女和儿童攻击裆部，也能使壮汉失去抵抗能力。

7. 膝关节

膝关节是人体中最大、结构最复杂的下肢主要关节，由股骨下端、髌骨和胫骨上端组成。由于此部位暴露在外，且皮下脂肪较少，因此遭受重击时可造成韧带撕裂或髌骨碎裂，从而站立不稳或无法移动。

8. 太阳穴

太阳穴位于头部颞区，有颞浅动脉、静脉及耳颞神经穿过。此部位骨质脆弱，击打太阳穴，可引起颞骨骨折，损伤脑膜中的动脉，致使血液不流畅，造成大脑缺血缺氧，有可能使人在 3 秒钟内死亡。

9. 眼睛

暴力打击眼睛，可以轻易使人致盲。眼睛的视觉功能对人的日常生活起着举足轻重的作用，所以眼睛常常被列为人体的要害之一。

10. 鼻子

外鼻位于颜面中央，是由骨和软骨构成的骨性结构。打击鼻子会直接损伤鼻骨，还可能导致生命危险。鼻骨被击碎，可使鼻内大量出血，疼痛异常，并能使两眼泪流不止，造成暂时的视力障碍。

11. 面三角区

面三角区指鼻根以下、鼻尖以上、鼻两侧至嘴角外的三角区域。在面三角区内，神经、血管分布极为丰富，尤以静脉血管的分布为多。面部静脉结构特殊，没有静脉瓣，因此容易造成血液的逆行。因而如果面三角区破损，外界细菌便极易通过面部静脉向整个头部扩散，并侵入颅内，引起颅内感染，诱发脑膜发炎，导致生命危险。

12. 下颚

下颚所处位置易受攻击，且受击打后易引起颅底骨折、颅内出血，因此人在下颚受击打后轻则剧痛难忍，重则会昏迷或休克。

13. 耳朵

耳郭神经离大脑较近，受到击打或挤压后可损伤通往脑膜中的动脉、静脉分支，使血液循环受阻。而且在下颌骨的上缘、下耳郭的后面，有一个和太阳穴一样致命的穴位，叫完骨穴，打击耳和耳后完骨穴，轻则会击穿耳膜或使耳内出血，重则脑震荡或在 5 秒钟内死亡。

14. 颈侧部

打击颅颈交界部位，会使头部产生剧烈的鞭打摆动运动，并可使大脑受到强烈的震荡。这种剧烈的鞭打动作造成的头部震荡，可使脑实质在颅腔内发生移位，并使系于脑中轴上的脑干受到牵拉、扭转，或者撞击于颅底枕骨斜坡，引起严重的脑震荡或脑干损伤。打击颈侧部可以使人立即昏迷，或因脑干、延髓功能损害而呼吸、心脏骤停。

15. 肩关节

肩关节由肱骨、肩胛骨、关节盂、韧带和锁骨连接而成，是连接手臂的重要关节。如用暴力向左右拧拉或向后扳至极点，就会使肩关节脱臼或韧带、肌肉撕裂，削弱对方的战斗力。

16. 肘关节

肘关节由尺骨、桡骨、肱骨连接而成，活动范围较小，能前屈、伸直，可随肩关节上下拨动。当肘关节伸直时，如果向后或向两侧猛折、踢打，就会造成脱臼或骨折。

17. 腕关节

腕关节是臂部的主要关节，由桡骨和腕部的八块小骨组成。腕关节主要靠韧带连接，活动范围较大。如果超出它的活动范围，内卷、后折或向两侧反拧等，轻则会脱臼、韧带撕裂，重则会骨折。

18. 手背

手上脆弱的部位是手背。手背上有很多静脉血管和筋脉，受到击打会使人疼痛难忍，甚至骨折。对手背的击打多在挣脱对手的抓、拽、扯等时使用。

19. 咽喉

咽喉处有气管、颈动脉及迷走神经。咽喉受到重击后，人会在短时间内因缺氧而窒息甚至死亡。

20. 肋部

肋部有 12 对肋骨，骨细而长，附在其表面的肌肉也很薄。所以用膝撞或脚踢肋骨，都可能使对方的肋骨骨折甚至致对方死亡。肋部受到击打后会震荡内脏，肋骨骨折后，创面的锋利处还可能刺破内脏，造成体内大出血。

📝 学习任务3 身体素质训练方法

警察在执法时，必须具备良好的身体素质，力量、速度、耐力、灵敏、柔韧性缺一不可。衡量身体素质的指标由力量、耐力、柔韧性等组成。力量指机体某部分肌肉的爆发力；耐力指人体长时间工作或运动时克服疲劳的能力；柔韧性指人体关节活动幅度的大小以及韧带、肌腱、肌肉的弹性和伸展能力。它们相互关联，任何一种机能下降都会影响整体的身体素质，想提高身体素质也应遵循以下三个基本原则，缺一不可。

一是要因人而异。选择锻炼的内容、方法时，锻炼者应根据自己的性别、年龄及身体状况等来确定。二是要持之以恒。人体的组织器官是用进废退的。若长期不锻炼，器官的机能会慢慢消退，体质也会衰弱。为了坚持锻炼，最好在每天的作息表中，固定锻炼的时间，形成习惯。三是要循序渐进。锻炼者不要急于求成，应合理地提高锻炼目标。人体的运动素质是人体运动的能力，能力的大小决定于肌肉的解剖生理特点、肌肉工作的供能情况、内脏器官的机能及神经系统的调节能力。运动素质的高低与人体完成各项活动、适应外界环境的水平有着密切关系，良好的运动素质也是掌握运动技术、提高运动成绩的基础。

一、力量素质

力量素质指人体运动时肌肉活动克服阻力的能力。肌肉收缩是人体运动的动力。在中枢系统的统一调节下，肌肉活动是人体运动的核心，体内其他器官的活动都是为了保证肌肉的工作。力量素质的表现形式是多方面的，一般包括最大力量（单纯力量、绝对力量）、速度性力量（爆发力）、耐久性力量（力量耐力）等。最大力量是力量素质的典型表现形式，发展最大力量可采用两种途径。第一种是以增进肌肉的内协调和肌间协调来增加力量，采用专门的训练可较好地提高肌纤维同步工作的能力，提高参与工作的肌肉间的协调能力。这一训练不会使肌肉的体积增大，对周期性的和需要先克服自身阻力的项目有重要意义。通过这种训练，力量发展得快，消退得也快。第二种是依靠肌肉横断面积的增加来提高力量，这种训练可以使肌肉工作过程中的蛋白质快速分解，从而使肌肉横截面积增大。力量锻炼可分为上肢锻炼和下肢锻炼。锻炼上肢力量，可选择引体向上、俯卧撑等运动，也可借助哑铃、拉力器等器械。锻炼下肢力量，可选择蹲起、跳台阶、快速跑等。力量较小的锻炼者应注意适当减少运动次数，如每次少做几个引体向上、跳台阶时少跳几阶等。在训练过程中，可以采用不同的负荷来提高不同性质的力量。

（一）上肢力量训练方法

1. 站姿杠铃弯举

站姿杠铃弯举主要发展肱二头肌力量。

【动作要领】　身体直立，反握杠铃，握距与肩同宽，屈前臂将杠铃举至胸前（图 2-3-1、视频 2-3-1）。可坐着练习，也可以用哑铃进行练习。此外，还可以采用仰卧弯举、肘固定弯举及斜板哑铃弯举等动作进行练习。

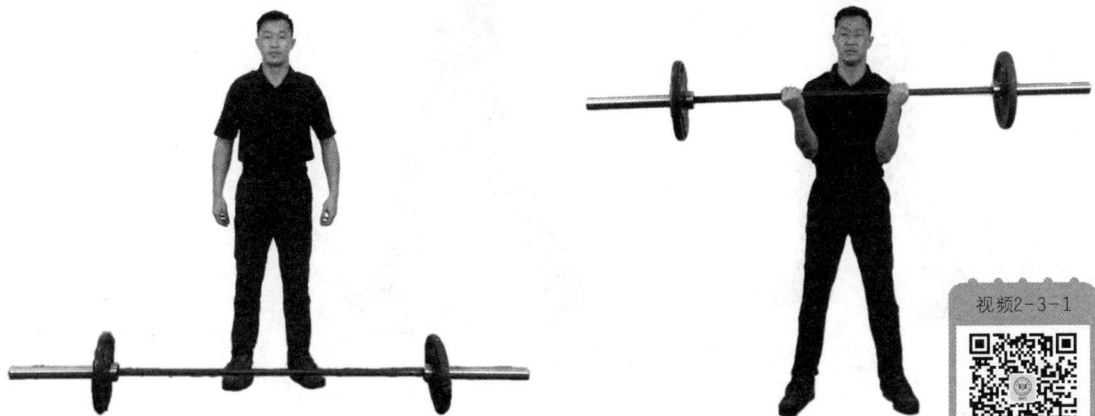

图 2-3-1　站姿杠铃弯举

2. 卧推

卧推主要发展三角肌前侧、斜方肌、前锯肌以及肱三头肌的力量。

【动作要领】　两手持杠铃并将其翻至胸部，然后立刻推过头顶（图 2-3-2、视频 2-3-2），再屈臂将杠铃放至胸部，再推过头顶，反复练习。也可以用哑铃或壶铃进行练习。

图 2-3-2　卧推

3.杠铃快挺

杠铃快挺主要发展三角肌前部、胸大肌、肱三头肌以及前锯肌的力量，还可以加快冲拳速度，有助于全身的协调用力。

【动作要领】 两脚前后开立，双手正握杠铃于胸前，向前快速平推，连续练习。练习时动作速度要快，可配合双腿的动作，做前后交叉练习（图 2-3-3、视频 2-3-3），也可以用哑铃进行练习。

视频2-3-3

图 2-3-3 杠铃快挺

4.引体向上

（1）预备姿势

【动作要领】 脚跟提起，两膝分开成半蹲姿势，两臂自然后张，五指并拢伸直，掌心向前，挺胸，目视器械（图 2-3-4）。

（2）引体向上

【动作要领】 直臂悬垂，跳起两手握杠（正握，拇指扣于食指第二关节并锁住，掌心不空出，跳起握杠时两手腕稍内扣，两手距离与肩同宽或比肩稍宽，图 2-3-5），两手屈臂用力拉杠，使身体向上，下颌过杠（图 2-3-6），然后还原成悬垂姿势，完成动作后落地。

（3）落地姿势

【动作要领】 落地时，两腿顺势弯曲，两臂前平举，稍比肩高，五指并拢伸直，掌心向内稍向下，上体保持正直，恢复立正姿势。使用单杠进行练习的预备姿势和落地

图 2-3-4 预备姿势

姿势均与此相同。引体向上的完整动作请参考视频 2-3-4。

图 2-3-5　抓握单杠　　　　　　　　　图 2-3-6　引体向上

视频2-3-4

(二)下肢力量素质训练方法

1. 半蹲

半蹲主要发展伸膝肌群与躯干的支撑力量,特别是股四头肌的外侧肌、内侧肌,股后肌群和小腿三头肌。

【动作要领】　正握杠铃于颈后肩上,挺胸别腰,屈膝下蹲近水平位置时,伸腿起立。也可采用坐蹲姿势进行练习(图 2-3-7、视频 2-3-5)。

视频2-3-5

图 2-3-7　半蹲

2. 肩前深蹲

肩前深蹲主要发展股四头肌、股二头肌、臀大肌以及伸髋肌群的力量,还可以有效地发展伸膝肌群以及躯干伸肌的力量。

【动作要领】　上体平直,挺腰别胸,抬头,两手握杠,将杠铃放置于两肩胛和锁骨之上,平稳屈膝下蹲(图 2-3-8、视频 2-3-6)。做动作的时候要保持腰背挺直,抬头收腹,平稳屈膝下蹲。可采用不同的站距和不同的速度来练习。下蹲或起立时,膝与脚尖的方向应该一致。

图 2-3-8　肩前深蹲

3. 杠铃深蹲

杠铃深蹲主要发展股四头肌、股二头肌、臀大肌以及伸髋肌群的力量。

【动作要领】　上体正直，挺胸别腰，抬头，两手握杠，将杠铃放置于颈后肩上。其余动作与肩前深蹲相同（图 2-3-9、视频 2-3-7）。

图 2-3-9　杠铃深蹲

4. 弓箭步跳

弓箭步跳主要发展股四头肌、股二头肌、小腿三头肌、屈足肌群的力量以及弹跳能力。

【动作要领】　肩负杠铃成弓箭步，向上跳起，同时交换两腿位置，落地时成弓箭步（图 2-3-10、视频 2-3-8），连续练习。

5. 立定跳远

立定跳远指不用助跑从立定姿势开始的跳远。立定跳远是发展下肢爆发力与弹跳力的运动项目。该项目分为预摆、起跳、腾空和落地四个步骤。

图 2-3-10　弓箭步跳

（1）预摆

【动作要领】 两脚左右开立，与肩同宽，两臂前后摆动。前摆时，两腿伸直；后摆时，屈膝降低重心；上体稍前倾，手尽量往后摆。要点：上下肢动作协调配合，摆动时一伸二屈降重心，上体稍前倾(图2-3-11)。

（2）起跳

【动作要领】 两脚快速用力蹬地，同时两臂稍屈，由后往前上方摆动(两肩要充分上提)，向前上方跳出，并充分展体。要点：蹬地快速有力，腿蹬和手摆要协调，背部用力及时充分，要注意离地前前脚掌的瞬间蹬地动作(图2-3-12)。

图 2-3-11 预摆

图 2-3-12 起跳

（3）腾空

【动作要领】 身体充分伸展，做到"三直"，即髋、膝、踝三关节伸直，两臂前举。收腹落地的时间因人而异：腰腹力量强的，可在人体达到最高点后下落时迅速收腹举腿，尽可能地延长腾空时间，以尽可能远地落地；腰腹力量较弱的，在人体处于最高点时要迅速收腹举腿，以便能够顺利完成收腹举腿动作。收腹举腿的同时，两臂屈臂，用力急振后摆，小腿尽可能地前伸，从而尽可能远地落地(图2-3-13)。

（4）落地缓冲

【动作要领】 脚跟先着地并迅速过渡到全脚掌着地，屈膝使膝盖前伸，落地缓冲。要点：小腿前伸的时机要把握好，屈腿前要伸臂后摆，落地后身体主动向前不向后(图2-3-14)。立定跳远的完整动作请参考视频2-3-9。

视频2-3-9

图 2-3-13　腾空

图 2-3-14　落地缓冲

（三）仰卧起坐

仰卧起坐是一种常见的锻炼腹部肌肉的运动。

1. 准备姿势

身体仰卧于地垫上，膝部屈曲成 90 度左右，脚平放在地上。初学者可以把手靠于身体两侧（图 2-3-15），当逐渐适应或体能提高后，可以把手交叉贴于胸前，但每只手应放在身体另一侧的肩膀上。

2. 动作练习

开始进行练习时，宜采用较慢的速度，如慢动作回放一般。当腹肌把身体向上拉起时，应该呼气，这样可确保处于腹部较深层的肌肉同时参与工作。身体升起离地 10～20 厘米后，应收紧腹部肌肉并稍做停顿，然后慢慢让身体下降回原位。当背部着地的时候，便可以开始下一个循环的动作（图 2-3-16、视频 2-3-10）。

图 2-3-15　准备姿势

图 2-3-16　仰卧起坐练习

视频 2-3-10

3. 注意事项

千万不要把双手的手指交叉放于头后面，以免用力时拉伤颈部的肌肉，而且这也会减少腹部肌肉的工作量。在仰卧起坐的过程中，腹部肌肉其实只在起初的阶段参与工作，之后便会改由髋部的屈肌执行任务。

二、速度素质

速度素质指快速运动的能力，它包括反应速度和运动速度。而运动速度又可分为动作速度和移动速度。影响速度快慢的因素很多，除中枢神经系统的能力外，还有肌肉的收缩特征、能力和其他协调性，机体掌握的各种技能状况。不同的运动项目有不同的速度特征，因此速度素质的培养有明显的专项特点。

反应速度主要受人的感受器(视觉、听觉)和其他分析器的特征以及中枢神经系统与神经肌肉之间的协调关系的影响。反应速度受遗传因素的影响也较大。为提高神经系统的灵活性，教员可以采用变换各种信号的方式，让学员迅速做出反应，以实现加快学员的反应速度的目的。

在进行反应速度训练的过程中，学员在原地或行进间做单个动作或组合动作时，对突然出现的信号或突然改变的信号要做出应答反应。例如：在蹲踞式起跑练习中，由教员发出口令信号，学员根据口令做出正确的反应。口令练习之后，由原先的口令信号升级为视觉信号，教员根据练习内容将口令变更为手势，向学员发出突然的变更信号。

(一)口令信号训练

1. 起动跑

双手撑地，双腿交叉成弓步，听信号快速起动跑，跑出距离为 10~20 米，练习 3 组，每组 5 次。

2. 蹲踞式起跑

按照蹲踞式起跑的动作要求做好起跑准备，听口令快速起动跑出，练习 3 组，每组 5 次(视频 2-3-11)。

3. 站立式起跑

按照站立式起跑的要求，听口令迅速起动，跑出 10~15 米。也可采用半蹲式起跑方式，练习 3 组，每组 5 次(视频 2-3-12)。

4. 变向起跑

背向蹲立，听到信号后迅速转体成蹲踞式起跑姿势，疾跑 20~30 米。要求转体动作迅速，起跑姿势符合技术规范，练习 2 组，每组 3 次。

(二)视觉信号训练

1. 基础视觉训练

教员可以利用不同颜色的色板或标志物进行训练。以色板为例，规定学员要对不同的颜色做出不同的反应。如：白色出左手，红色出右手，绿色出左脚，粉色出右脚。教员要

23

将色板背于身后，当迅速拿起色板时，学员应迅速根据色板颜色做出正确的反应。

2. 专项视觉训练

当基础视觉训练达到一定的效果之后，学员应向专项视觉训练过渡。如：不同的颜色对应不同的专项动作。以蹲踞式起跑为例，白色为"各就位"，红色为"预备"，绿色为"跑"。当学员适应了一种模式的训练后，教员应及时变换模式，调换颜色或训练内容。

3. 原地高抬腿接转身跑

原地进行高抬腿练习 5 秒，教员发出手势信号，向前、向后、向左或向右，学员根据手势进行最快变向跑 5 米的练习（图 2-3-17、视频 2-3-13）。练习 2 组，每组 5 次。

视频 2-3-13

图 2-3-17 原地高抬腿接转身跑

4. 原地小步跑接转身跑

原地进行小步跑练习 5 秒，教员发出与上面相同的手势信号，学员根据手势进行最快变向跑 5 米的练习（图 2-3-18、视频 2-3-14）。练习 2 组，每组 5 次。

视频 2-3-14

图 2-3-18 原地小步跑接转身跑

(三)速度素质训练项目

速度素质可以通过50米跑和100米跑进行练习。

1.50米跑

50米跑的训练方法如下。

蹲跳起：主要是腿部肌肉力量和踝关节力量的练习。双脚左右开立，脚部平行，屈膝向下深蹲或半蹲，两臂自然后摆，然后两腿迅速蹬伸，使髋、膝、踝三个关节充分伸直，同时两臂迅速有力地向前上方摆，最后用脚尖蹬离地面向上跳起，落地时用前脚掌着地，屈膝缓冲，接着再跳起。

弓箭步走：主要是下肢力量和增大步幅的练习。迈步行走时，前腿大步迈出，后腿蹬直。同时挺胸塌腰，重心下降，两腿充分打开。两腿交换时，前腿用力蹬地，后腿屈膝前摆，向前送髋。若要提升难度，可以进行负重练习。

原地摆臂练习：主要是摆臂的技术、力量和协调性练习。两脚前后开立，上体前倾，肩关节放松，两臂屈肘于体侧时，手不要超过身体正中线和下颚，前摆时稍向内，后摆时稍向外。

20~30米起跑加速跑练习：主要是起跑反应和加速跑能力练习。站立式起跑，听口令起跑加速至最高速，然后放松减速，跑的距离为20~30米。若要提升难度，可以进行负重练习。

20~30米高抬腿跑训练+加速跑训练：主要是锻炼腿部力量，扩大步幅，提高下肢关节的柔韧性、协调性。在保持上身挺直的情况下，两腿交替抬至水平位置；在交替抬腿的同时向前移动，注意将腿抬平。进行20~30米高抬腿跑训练后，接加速跑运动，达到最高速时减速放松。

2.100米跑

100米跑的训练方法如下。

起跑训练：起跑时，当听到"预备"口令下达时，身体前倾，两臂自然下垂，身体重心下降并稍前移。枪响后，靠脚的力量迅速蹬离地面，双臂应迅速脱离地面，做有效而有力的摆臂动作(图2-3-19)。

图2-3-19　100米跑起跑

爆发力训练：爆发力是影响100米跑成绩的关键因素。可以通过半蹲提踵、深蹲跳、八字起跑等练习来提高爆发力。这些训练可以帮助学员在短时间内产生高速跑动所需的强大动力。

途中跑训练：途中跑是100米跑的主要部分。当速度达到最高后，应放松身体，大步幅、高频率地往前冲。

髋部摆动训练：髋部摆动是100米跑中非常重要的环节，可以采用高抬腿、剪绞腿等练习来提高髋部的摆动速度和协调性。

腿部力量训练：大腿后侧肌群的力量对于100米跑至关重要，可以通过负重深蹲、腿举等练习来加强腿部力量。

三、耐力素质

耐力素质是机体长时间工作并克服疲劳的能力。耐力是相对疲劳而言的，运动中的疲劳有多种表现形式，如感觉的、心理的和运动器官的疲劳等。不过，所有疲劳最终都与机体能量供应系统和神经系统的兴奋程度有关。耐力素质的培养首先应以运动所需的能源储备与供应为基础，要提高心肺功能，提高耐乳酸等抗疲劳的能力。耐力素质训练可分为有氧耐力素质训练和无氧耐力素质训练两种。有氧耐力素质训练包括长跑、游泳、健美操等；无氧耐力素质训练包括爆发运动，如短跑、跳高、跳远等。爆发力较差的人应注意缩短运动距离。以长跑为例，可以从每天500米开始，逐渐过渡到每天800米、每天1000米等。

(一)有氧耐力素质训练方法

1. 定时跑

在操场、公路、山丘或树林中进行30~40分钟或更长时间的定时跑，强度为50%~55%。

2. 定时定距

在操场或公路上进行定时跑，完成固定距离的练习，如：在30~40分钟内跑3600~4600米，强度为50%~60%。

3. 变速跑

在操场上进行，快跑段、慢跑段的距离应根据专项任务与要求确定，一般在400米、600米、800米、1000米等段落进行。

4. 800/1000米跑

800/1000米跑包括起跑、途中跑、冲刺跑三个环节。

(1)起跑及起跑后的加速跑

站立式起跑。"各就位"时，练习者从集合线走到起跑线处，两脚前后开立，将有力的腿放在前面，前脚尖紧靠起跑线后沿，后脚距前脚一脚掌距离左右，两脚自然开立，上体前倾，两膝弯曲，两臂一前一后，身体重心主要落在前脚上，保持稳定姿势，集中注意力听枪声(图2-3-20)。

起跑后的加速跑。起跑后上体保持前倾，脚尖着地，腿的蹬地和前摆以及两臂的摆动都应快速积极，逐渐加大步伐、加快速度。随着加速段的延长，上体逐渐抬起，进入途中跑阶段。加速段距离的长短和速度应根据个人特点、战术需求和临场情况而确定。

图2-3-20　800/1000米跑起跑

(2)途中跑

直道跑技术。跑直道时要求两脚沿平行线跑，抬腿既不靠内也不靠外，正正往前，两脚用脚前掌扒地跑。

弯道跑技术。弯道跑时要求左脚前脚掌外侧、右脚前脚掌内侧着地，左腿膝关节外展，右腿膝关节内扣，身体重心向内倾斜，协调用力，速度越快倾斜角度越大，右臂的摆幅稍微大于左臂的摆幅。

（3）冲刺跑

冲刺跑是临近终点前的一段距离的加速跑，其主要任务是运用自己的全部力量，克服疲劳，力争在最后阶段跑出好成绩。其技术特点是在加快摆臂速度和加大摆幅的同时，腿部动作配合着加快频率。冲刺跑的距离要根据自己的体力情况、战术要求和临场情况确定。在接近终点一步的距离时，身体躯干前倾，做出撞线动作。

（二）无氧耐力素质训练方法

1. 常规变速跑

变速快跑与慢跑结合进行。确定快跑段与慢跑段的距离有两种方法。

（1）采用 50 米快、50 米慢，100 米快、100 米慢，或直道快、弯道慢，或弯道快、直道慢等方法，强度为 60%~80%。

（2）采用 400 米快、200 米慢，或 300 米快、200 米慢，或 600 米快、200 米慢等方法，强度为 60%~80%。

2. 梯形变速跑

100 米+200 米+300 米+200 米+100 米距离组合的变速跑练习，加速跑后以相同距离进行慢跑，放松调整。每组做 4~6 次，组间歇 5~10 分钟，重复 4~6 组。

3. 上下坡变速跑

在 7~10 度的斜坡跑道上进行上坡加速快跑 100~120 米锻炼，下坡放松慢跑回起点。每组 4~6 次，组间歇 10 分钟，重复 3~5 组，强度为 75%~80%。

四、灵敏素质

灵敏素质指人体迅速改变体位、转换动作、变换身体姿势和方向的能力。灵敏素质与大脑皮层神经过程的灵活性有密切的关系。突然的起动急停、变换方向等，都要求兴奋和抑制过程迅速地进行转换。影响灵敏的其他因素还有年龄、体重、疲劳程度等。灵敏素质是人体各种能力的综合表现，在训练灵敏素质时，应从培养人体的各种能力入手，如掌握动作的能力、反应能力和平衡能力等。

1. 波比转体跳

完成一次立卧撑动作，接原地跳转体 180 度。计算 30 秒内完成动作的次数，练习 3 组。要求动作准确，衔接迅速。

2. 前后滑跳

两脚前后开立，上体稍前倾，屈膝，两臂置于体侧；后脚向后蹬地，前脚向前跨出，身体随之向前移动；在前脚落地的瞬间向前蹬地，后脚向后跳，身体随之向后移动。练习时身体重心不要上下起伏，保持水平移动，30 秒为一组，练习 2~4 组，也可以采用左右滑步进行练习。

3. 躲闪摸肩

两人站在直径为 2.5 米的圆圈内，做一对一的摸对方左肩练习，同时避免被对方摸到。计算 30 秒内的摸中次数，重复 2 组。

4. 变向起跑

场地与器材：如图 2-3-21 所示，10 米长的直线跑道若干，在跑道的两端线（S1 和 S2）外 30 厘米处各画一条线。木块（5 厘米×10 厘米）每道 3 块，其中 2 块放在 S2 线外的横线上，1 块放在 S1 线外的横线上。秒表若干，使用前应进行校正。

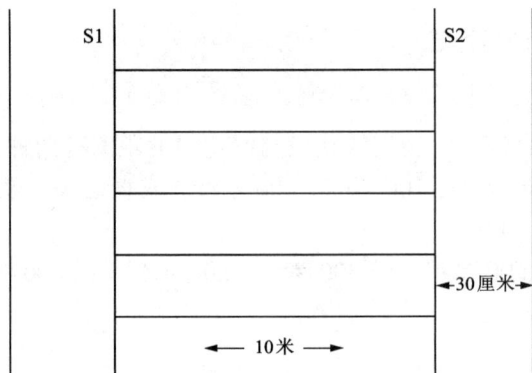

图 2-3-21 场地设置

训练方法：练习者用站立式姿势起跑，听到发令后从 S1 线外起跑，当跑到 S2 线前面时，用一只手拿起一块木块，随即往回跑，跑到 S1 线前时交换木块，再跑回 S2 交换另一木块，最后持木块冲出 S1 线，记录跑完全程的时间（视频 2-3-15）。记录以秒为单位，取一位小数，第二位小数非 0 时则进 1。

注意事项：当练习者取放木块时，脚不要越过 S1 和 S2 线。

五、柔韧素质

(一) 压肩

压肩是一种锻炼和放松肩部的方法，可以提高肩关节的柔韧性和灵活性。

【动作要领】 两臂、两腿要伸直，力量集中于肩部。

【练习步骤】

(1) 下振压的振幅逐渐加大，力量逐渐加强。

(2) 肩压到极限时，静止不动，耗肩片刻。

(3) 压肩与耗肩交替进行。

(二)坐位体前屈

坐位体前屈测量的是人体在静止状态下的躯干、腰、髋等关节可能达到的活动幅度，主要反映这些部位的关节、韧带和肌肉的伸展性、弹性及身体柔韧素质的发展水平。

【动作要领】

双脚并拢，与地面垂直，脚趾可以微微往里靠。腿伸直。背要弯。头紧靠腿部。手臂尽量往前伸，同时手掌与地面保持平行(图2-3-22)。

【练习步骤】

两腿并立，双膝伸直，上体前屈，两手掌触地，上体与腿部尽量贴近，还原成预备姿势后连续做（视频2-3-16)。

视频2-3-16

图 2-3-22　坐位体前屈

学习单元三　徒手防卫技术

学 习 目 的

1. 了解徒手防卫的基本知识。
2. 掌握徒手防卫的基本技术。
3. 培养紧急状况下熟练运用徒手防卫技术的能力。

徒手防卫技术包括戒备式、步法、防御手法、掌法、拳法、捶法、肘法、腿法、摔法、刀械防御及解脱技术，在实战中要根据需要灵活应用各类技术，以安全为重，以依法执法为原则，既确保警察个人的安全，同时尽量减少对执法对象的伤害，圆满完成执法任务。

学习任务1　戒备式与步法

一、戒备式

戒备式是警察在执法过程中遇到执法对象对警察有攻击动作或攻击意图时采取的一种主动防御姿势。它通常配合语言警告运用，在实战中能起到有效保护警察被攻击的作用。

(一)搭手戒备

【动作要领】　向右侧身站立，两脚间距稍大于肩，右手握拳护于腹部，左手抓握右手腕，两肘微屈贴于身体两侧，身体放松，注视执法对象，观察其举动，保持戒备状态，左侧的搭手戒备姿势相反(图3-1-1)[1]。

---

[1]　示范者：向阳，湖南司法警官职业学院警体训练部格斗教研室教师，警察徒手防卫与控制课程负责人。

【实战应用】 在较为安全的状态下，搭手戒备是警察的基础防御姿势。

图 3-1-1 搭手戒备   图 3-1-2 合肘戒备

（二）合肘戒备

【动作要领】 向右侧身站立，两脚间距稍大于肩，右手握拳抱于胸腹前，隐蔽于左手肘下，左手成掌，盖于右臂手肘，双眼注视执法对象，保持戒备状态。左侧的合肘戒备姿势相反（图 3-1-2）。

【实战应用】 当执法对象情绪激动并伴随着语言威胁和行为威胁时，警察应提升戒备等级，防备其突然攻击，同时为避免过大的防御反应而刺激到执法对象，可采用双臂护于身前的方式，确保防护级别和相对隐蔽的戒备姿势。

（三）提手戒备

【动作要领】 向右侧身站立，两脚间距稍大于肩，双手提起，置于身体中线之上，左手略靠前，大、小臂夹角约为 120 度，指尖约与鼻同高，可防守面部；右手略靠后，置于鼻前，可防守咽喉与心窝；含胸收腹、垂肘护肋，双眼通过前手尖，紧盯执法对象，双手掌心略向前方，手指合拢，扩大对身体中线的防护面积。左侧的提手戒备姿势相反（图 3-1-3）。

【实战应用】 提手戒备是警察在应对执法对象顽强抵抗或暴力攻击时将双手抬高，严密防守并实施控制的戒备式，是徒手戒备中的最高级别戒备状态。

图 3-1-3 提手戒备

(四)格斗式

【动作要领】 在左提手戒备的基础上，双手由掌变拳，成格斗姿势。前脚掌稍内扣，后脚跟微离地。双膝微屈，身体重心在两腿之间，前后脚不要站在一条正直线上，这样便于身体重心的稳定及步伐的快速移动。身体侧向前方，含胸收腹，尽量减小被攻击的面积，有效保护胸、肋等重要部位。双手握拳，拳心微向前下方，双肘弯曲，双拳与鼻同高。后手屈臂贴靠右胸肋，下颌微收。目光平视，合齿闭唇。在通常情况下，前手主要用于反击和阻挡执法对象进攻，后手用于防护(图 3-1-4)。

图 3-1-4 格斗式

【实战应用】 当执法对象情绪激动，突然向警察靠近并做出攻击动作或有攻击意图时，警察要立即拉开距离，并采用格斗姿势，同时进行语言警告，警告其不要靠近或令其蹲下，做好保护自己及防止执法对象攻击的准备。四种戒备姿势的示范见视频3-1-1。

二、步法

在实战中，步法非常重要，灵活的步法有助于快速躲避危险，并可配合技战术动作，进行有效的防御及控制，常用步法有以下几种。

（一）前滑步

【动作要领】 提手戒备，右脚蹬地，重心前移，左脚向前上步，右脚迅速跟进，移动后迅速恢复戒备姿势，两脚间距不变（图3-1-5）。

图 3-1-5 前滑步

【实战应用】 在实战中，当警察主动向前靠近执法对象时，可利用前滑步快速拉近距离，配合徒手技术进行防御或制服执法对象。

（二）后滑步

【动作要领】 提手戒备，左脚前脚掌蹬地发力，重心向后平移，右脚向后撤步，左脚迅速跟进，移动后迅速恢复戒备姿势，两脚间距不变（图3-1-6）。

【实战应用】 在实战中，当警察主动向后撤退以避开执法对象攻击时，可利用后滑步快速控制距离，配合徒手技术进行防御或制服执法对象。前滑步、后滑步的示范见视频3-1-2。

图 3-1-6　后滑步

（三）左横移步

【动作要领】　提手戒备，左脚贴地，迅速向左侧移步，右脚迅速蹬地向左侧跟进，此时身体迅速转向右侧，两脚间距不变，移动后迅速恢复戒备势。此步法属于防守性步法，动作要协调，移步的同时要转体，以躲开执法对象的正面进攻，一次完成动作(图3-1-7)。

图 3-1-7　左横移步

【实战应用】　在实战中，当警察主动向左躲开执法对象的攻击时，可利用左横移步控制距离，配合徒手技术进行防御或制服执法对象。

（四）右横移步

【动作要领】　提手戒备，右脚贴地，向右侧移步，左脚迅速蹬地向右侧跟进，此时身体迅速转向左侧，两脚间距不变，移动后迅速恢复戒备势。此步法属于防守性步法，动作要协调，移步的同时要转体，以躲开执法对象的正面进攻，一次完成动作（图 3-1-8）。

图 3-1-8　右横移步

【实战应用】　在实战中，当警察主动向右躲开执法对象的攻击时，可利用右横移步控制距离，配合徒手技术进行防御或制服执法对象。左横移步、右横移步的示范见视频 3-1-3。

视频3-1-3

（五）左斜位进步

【动作要领】　提手戒备，右脚蹬地，左脚向左斜前方上步，同时身体略左转，右脚向上步方向跟进一步（图 3-1-9）。

【实战应用】　在实战中，当警察主动向左前方接近执法对象时，可利用左斜位步控制距离，配合徒手技术进行防御或制服执法对象。

（六）右斜位进步

【动作要领】　左手提手戒备，左脚蹬地，右脚向右前方上步，同时身体略右转，左脚迅速向右前方跟步，右手提手戒备（图 3-1-10）。

视频3-1-4

【实战应用】　在实战中，当警察主动向右前方接近执法对象时，可利用右斜位步控制距离，配合徒手技术进行防御或制服执法对象。左斜位进步、右斜位进步的示范见视频 3-1-4。

图 3-1-9　左斜位进步

图 3-1-10　右斜位进步

(七)上步

【动作要领】　提手戒备,后脚向前一步,同时左、右掌前后交换,成反戒备姿势。上步时身体不能前后摆动,上步与两手交换完成,动作协调(图 3-1-11)。

【实战应用】　在实战中,当警察主动向前靠近执法对象时,可利用上步快速拉近距离,配合徒手技术进行防御或制服执法对象。

图 3-1-11　上步

（八）撤步

【动作要领】　提手戒备，左脚向后撤一步，脚跟离地，右脚在前，左脚在后。右脚脚尖外展，重心偏于右腿。撤步时步子不宜太大，重心移动不要过多，撤步要快（图 3-1-12）。上步、撤步的示范见视频 3-1-5。

视频 3-1-5

图 3-1-12　撤步

【实战应用】　在实战中，当警察主动向后撤退以避开执法对象攻击时，可利用后撤步快速控制距离，配合徒手技术进行防御或制服执法对象。

(九)交叉步

【动作要领】 前交叉步,提手戒备,后脚跟提起,以脚掌擦地,从左脚前向左迈步,落脚于左脚前侧,两腿交叉(图3-1-13)。

图 3-1-13 前交叉步

后交叉步,后脚跟提起,以脚掌擦地,向后插步,落脚于前脚左后侧,两腿交叉。做动作时要降低重心,身体保持平衡,动作要连贯迅速。保持侧面与执法对象相对,目视执法对象(图3-1-14)。前后交叉步的示范见视频3-1-6。

视频3-1-6

图 3-1-14 后交叉步

【实战应用】　在实战中，当警察主动向前靠近执法对象时，可利用前或后交叉步快速拉近距离，配合徒手技术进行防御或制服执法对象。

(十)垫步

【动作要领】　提手戒备，后脚蹬地，向前脚内侧并拢，同时前腿屈膝提出。后脚向前脚并拢，动作要快速突然，垫步与提膝不要脱节、停顿，身体向前平衡移动，不要向上腾空或上体向后倾倒(图 3-1-15、视频 3-1-7)。

视频3-1-7

图 3-1-15　垫步

【实战应用】　在实战中，当警察主动向前靠近执法对象或其主动向警察进攻时，警察可利用垫步，配合拳法或腿法进行反击。

学习任务 2　防御技术

在与执法对象进行肢体对抗的过程中，警察可利用上肢的拍、挡、推、护等手法，配合徒手技术，进行主动防御或脱离。这些技术就是防御技术。

(一)跳水前推

【动作要领】　提手戒备，执法对象若以上肢横向击打警察头部，警察可前滑步，双手上提抬起过头护头，叠掌前推，同时低收下颌，身体前倾，重心下沉，阻停后衔接脱离或控制技术(图 3-2-1、视频 3-2-1)。

视频3-2-1

【实战应用】　在实战中，当执法对象上肢横向攻击警察时，可双手叠掌前推，拉开距离，也可以结合徒手技术进行控制。

图 3-2-1　跳水前推

(二)头盔防御

【动作要领】　提手戒备,执法对象若以右手横向击打警察头部,警察要迅速上提左手,手掌护住后脑,利用小臂格挡,右手从额前穿过,抓握执法对象的左手手腕,双肘尖向前撞击,阻停后衔接脱离或控制技术(图 3-2-2、视频 3-2-2)。

视频3-2-2

图 3-2-2　头盔防御

【实战应用】　在实战中,在距离允许的前提下,以此技术防御执法对象的直线或横向攻击,并伺机脱离。

(三)前手拍挡

【动作要领】　提手戒备,当执法对象用右手直线高位攻击时,警察的左脚要向左前方上步，同时身体面向右侧，左手手掌向右拍击执法对象的手肘前端，右手抓握执法对象的手腕，左手虎口卡握其手肘，阻停后衔接脱离或控制技术，异侧同理(图 3-2-3、视频 3-2-3)。

图 3-2-3　前手拍挡

【实战应用】　在实战中，要结合左、右横移步，可利用前手拍挡，改变执法对象的直向攻击路线，脱离后可配合徒手技术进行控制。

(四)后手拍挡

【动作要领】　提手戒备，当执法对象用右手直线高位攻击时，警察要向左前方上步，躯干向右微转，右手以肘为轴越过身体中线，由左向右挡抓执法对象的手腕，左手虎口卡于其肘部，阻停后衔接脱离或控制技术，异侧同理(图 3-2-4、视频 3-2-4)。[①]

图 3-2-4　后手拍挡

---

① 配手示范者：成游，湖南司法警官职业学院 22 级学生。

【实战应用】 在实战中，可结合左、右横移步，利用后手拍档，改变执法对象的直向攻击路线，脱离后可配合徒手技术进行控制。

(五)托臂脱离

【动作要领】 警察提手戒备，当执法对象以右手横向攻击时，左手迅速格挡，同时以右手根击打执法对象的锁骨下臂丛神经，而后双手抄抱执法对象的右手臂，使其移动到警察右前侧，双手成掌向前推击，阻停后可衔接脱离或控制技术（图3-2-5、视频3-2-5）。

图 3-2-5 托臂脱离

【实战应用】 在实战中，警察托臂防御后，应尽快利用步法后撤或移动到执法对象身侧，避开执法对象的正面攻击，脱离后可使用徒手技术进行控制。

(六)头盔脱离

【动作要领】 以执法对象右手横向攻击为例,警察提手戒备,前滑步,头盔防御的同时利用肘部撞击执法对象的锁骨下臂丛神经,左手圈抱执法对象的手肘,右手抄抱其右手大臂,使其位移至警察右前侧,双手成掌向前推击,阻停后可衔接脱离或控制技术(图3-2-6、视频3-2-6)。

视频3-2-6

图3-2-6 头盔脱离

【实战应用】 在实战中,警察头盔防御后应尽快移动到执法对象身侧,避开执法对象的正面攻击,脱离后可使用徒手技术进行控制。

学习任务 3 刀械防御

学 习 目 标

1. 了解刀械防御的基本常识。
2. 掌握刀械防御的基本技术。
3. 增强面对刀械时的心理素质，提高刀械防御的技术运用能力。

一、刀械防御的基本常识

警察在执法工作中，最危险的问题就是遭遇持械的执法对象，不论其身材大小和体格强壮与否，一件刀械工具足以让其变成强大的对手，一把利器能使执法对象增加他徒手时通常不具备的致命攻击能力。在与持刀械的执法对象对抗时，他手中的刀械是最危险的，所以在实战中，警察应该重点关注刀械，还要掌握相应的应对技能。

（一）面对持刀械暴力袭警时的临战心理和生理反应

面对暴力袭击时，所有的人都会惧怕被刺伤割伤，但每个人对刺伤割伤又有不同的反应。恐惧可能吓瘫一个人。人在感到恐惧时，生理心理反应的程度都不一样，但大多数表现为瞳孔放大，视线变窄，听力下降，注意力集中在一个点上，肾上腺素大量分泌并作用于心脏，从而导致心跳加速，心情紧张，脸色苍白，四肢发软，呼吸急促，大量出汗，反应迟钝……不是训练有素的警察是很难应对突如其来的猛烈攻击的。恐惧虽然可以吓瘫一个人，但又可能激发一个人的斗争意志，使他显示出更大的勇气和力量，从而超常发挥。所以，当警察们遭遇持械攻击时，要按最坏的情况打算，尽量减少与执法对象近身纠缠的时间，使用技术时要简单有效。

（二）持刀械暴力袭警的处置原则

1. 有效运用警用装备

在实战中，原则上不提倡以徒手的方式应对持刀械的执法对象。警察应根据执法对象的暴力等级，有效运用警用装备，如钢叉、盾牌、催泪剂、警棍等进行协同防御和控制，在遭遇紧急情况或受到生命危险时，可以直接使用武器来控制持械攻击的执法对象。

2. 保持安全距离，利用身边的物品防御

在实战中，首先应充分保持有效安全距离，寻求战机，如发生不可避免的徒手对抗，

要就近利用身边一切可以利用的物品进行防御,如雨伞、椅子、包裹、烟灰缸、餐具、台灯等。

3. 徒手防御技术必须简单实用

在实战中,应对刀械攻击的防御技术必须简单有效,要根据活动路线、距离,利用本能反应进行有效防御,这样才便于使得技能自动化,提高逃生成功的可能性。

4. 徒手防御控制的特殊情况

第一,警察没有防备,执法对象突然持刀械胁迫,警察的生命受到极大威胁时。第二,在没有预兆的情况下,执法对象突然近身持械攻击,警察来不及取出警械或武器进行防卫,且无距离可避退时。第三,持械的执法对象为老弱病残,并且警察在警力、力量、技能占绝对优势时。

二、刀械防御技术

(一)面对刀等利器劈刺时的防御

1. 正面持刀上挑刺防御

【动作要领】 当执法对象右手握刀械突然近身,由下向上挑刺警察的胸腹部时,警察要将双手迅速上抬至胸腹部,掌心相对成防御姿势;在执法对象出刀瞬间,警察身体前倾,重心前移,左手弯曲90度,左小臂外侧主动迎击执法对象的持刀手腕,形成外格挡姿势,阻止其进攻路线;同时右手成拳或掌,攻击执法对象的面部三角区;头微回收,双腿间距比肩稍宽,由脚掌发力至手臂,在形成全身力量对抗的瞬间,回收手臂,右脚前踢击执法对象裆部,力达前脚掌,予以其重创;顺势撤退,拉开距离后观察左右,避免二次攻击(图3-3-1、视频3-3-1)。

图 3-3-1 正面持刀上挑刺防御

【**实战应用**】 执法对象持刀从正面突然上挑劈刺警察，警察在来不及拉开距离撤退，或来不及持警械防御的状况下，可以迅速用此技术进行防御和击打，拉开距离后观察左右并寻找撤退路线，避免二次攻击，在确定执法对象遭受重击失去反抗能力后，也可择机进行控制。

2. 正面持刀下劈刺防御

【**动作要领**】 当执法对象右手握刀突然近身由上向下劈刺警察面部或颈部时，警察要将双手迅速上抬至面部，提手戒备；在其出刀瞬间，警察身体前倾，重心前移，左手弯曲90度，向外格挡其持刀手腕；同时右手成拳或掌，攻击执法对象的面部三角区；由脚掌发力至手臂，在形成全身力量对抗的瞬间，回收手臂，右脚前踢击执法对象裆部，力达前脚掌，予以其重创，顺势撤退，拉开距离后观察左右，避免二次攻击（图 3-3-2、视频 3-3-2）。

视频 3-3-2

图 3-3-2　正面持刀下劈刺防御

【**实战应用**】 执法对象持刀突然从正面下劈刺警察时，警察在来不及拉开距离撤退，或来不及持警械防御的状况下，可迅速用此技术进行防御和击打，拉开距离后观察或撤退，在确定执法对象遭受重击失去反抗能力后，可择机进行控制。

3. 背面持刀下劈刺防御

【**动作要领**】 执法对象右手握刀从上向下劈刺警察后颈部时，警察要迅速转头，利用右小臂外侧挡击其持刀手的手腕，同时右脚后踢其近侧脚膝关节或胫骨，迅速拉开距离，避免二次攻击，择机进行控制（图 3-3-3、视频 3-3-3）。

视频 3-3-3

【**实战应用**】 执法对象突然从背面持刀劈刺警察，警察在来不及拉开距离撤退，或来不及持警械防御的状况下，可迅速用此技术进行防御和击打，拉开距离后观察左右并寻找撤退路线，避免二次攻击，在确定执法对象遭受重击失去反抗能力后，可择机进行控制。

图 3-3-3　背面持刀下劈刺防御

(二)面对刀等利器威胁时的防御

1.正面近距离持刀威胁防御

【动作要领】　执法对象右手握刀指向警察进行威胁,此时警察需示弱,双手顺势举起于腰两侧,与其进行交谈,转移其注意力;然后突然身体右转,左手掌根部自左向右拍推执法对象的右手背,使其刀尖远离自己的身体,随即右脚弹踢其裆部,予以其重创,顺势拉开距离,避免二次攻击,择机进行控制(图 3-3-4、视频 3-3-4)。

视频3-3-4

图 3-3-4　正面近距离持刀威胁防御

【实战应用】　执法对象突然从正面中距离持刀威胁警察，警察在来不及拉开距离撤退，或来不及持警械防御的状况下，可迅速用此技术进行防御和击打，拉开距离后观察左右并寻找撤退路线，避免二次攻击，在确定执法对象遭受重击失去反抗能力后，可择机进行控制。

2.背面近距离持刀威胁防御

【动作要领】　执法对象右手握刀抵顶警察右后背实施威胁，此时警察需假意示弱顺从，双手顺势举起于腰两侧，与之交谈转移其注意力；然后身体突然右转，右臂随身体转动向右后方伸展，以小臂外侧为着力点向外侧挡拍其右手腕外侧，迫使刀尖远离自己的身体，同时左脚前进一小步稳定重心，右脚后踢，踢击其近侧脚膝关节的外侧，予以其重创，顺势撤退拉开距离后观察左右，避免二次攻击（图3-3-5、视频3-3-5）。

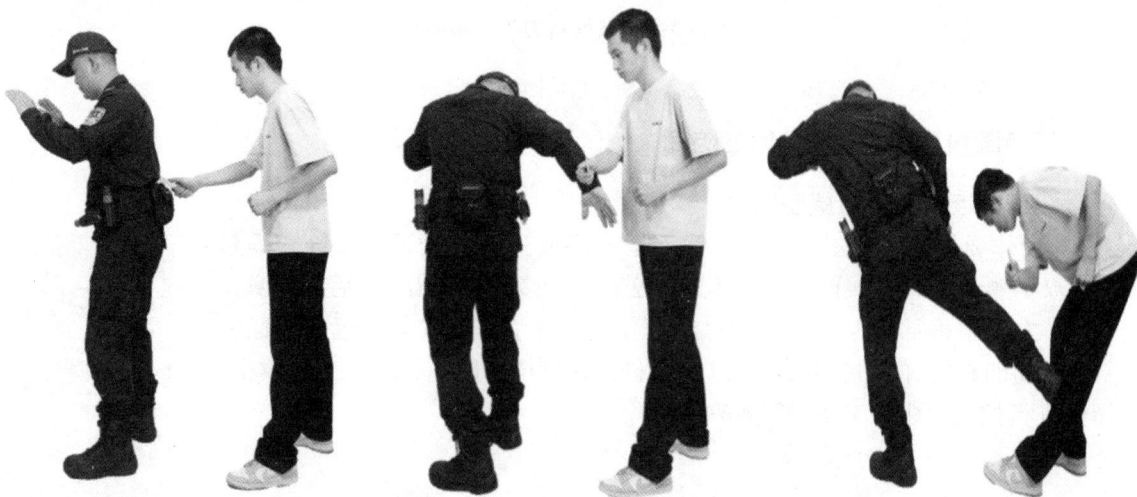

视频3-3-5

图3-3-5　背面近距离持刀威胁防御

【实战应用】　执法对象突然从背面近距离持刀威胁警察，警察在来不及拉开距离撤退，或来不及持警械防御的状况下，可迅速用此技术进行防御和击打，拉开距离后观察左右并寻找撤退路线，避免二次攻击，在确定执法对象遭受重击失去反抗能力后，可择机进行控制。

3.正面持刀架右颈部威胁防御

【动作要领】　执法对象右手握刀架在警察右侧脖子上，此时警察需假意示弱顺从，双手顺势举起于腰两侧，与其交谈，转移其注意力；突然身体向右拧转，重心向左前方过渡，抢先避开刀锋，左手以小臂外侧向内格挡，手腕顺势向下挡拍，迫使刀尖远离自己的身体；同时左脚向前上方迈步成

视频3-3-6

半马步状，身体重心向前，压制对手的移动；右手出拳或掌攻击其侧脸部两次，然后踢裆，顺势推开撤退拉开距离后观察左右，避免二次攻击（图 3-3-6、视频 3-3-6）。

【实战应用】　执法对象突然正面近距离持刀架警察右颈部进行威胁，警察在来不及拉开距离撤退，或来不及持警械防御的状况下，可迅速用此技术进行防御和击打，拉开距离后观察左右并寻找撤退路线，避免二次攻击，在确定执法对象遭受重击失去反抗能力后，可择机进行控制。

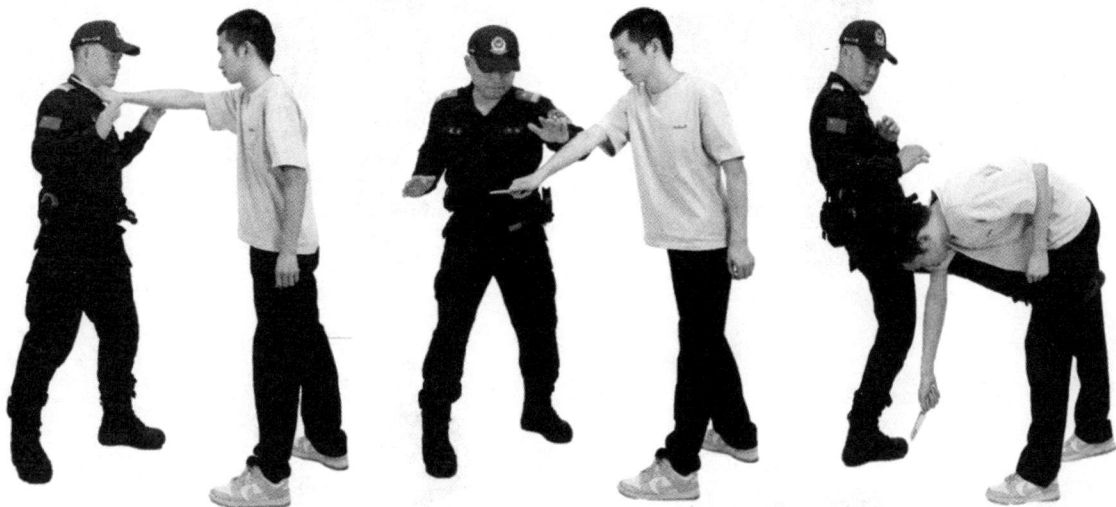

图 3-3-6　正面持刀架右颈部威胁防御

4. 背面持刀架左颈部威胁防御

【动作要领】　执法对象在背后右手持刀刃架于警察左颈部实施威胁，此时警察需假意示弱顺从，双手顺势举起于肩两侧，与其交谈并转移其注意力；右手臂突然上抬，向左扣举，挤压其持刀手的大臂外侧，迫使刀尖远离自己的颈部；左手勾拉其持刀手的腕部，形成手部控制，同时右脚前进一小步，将其持刀手和头部同时翻转，膝击其裆部，予以其重创，顺势撤退拉开距离，观察左右，避免二次攻击（图 3-3-7、视频 3-3-7）。

【实战应用】　执法对象背面近距离持刀架警察左颈部进行威胁，警察在来不及拉开距离撤退，或来不及持警械防御的状况下，可迅速用此技术进行防御和击打，拉开距离后观察左右并寻找撤退路线，避免二次攻击，在确定执法对象遭受重击失去反抗能力后，可择机进行控制。

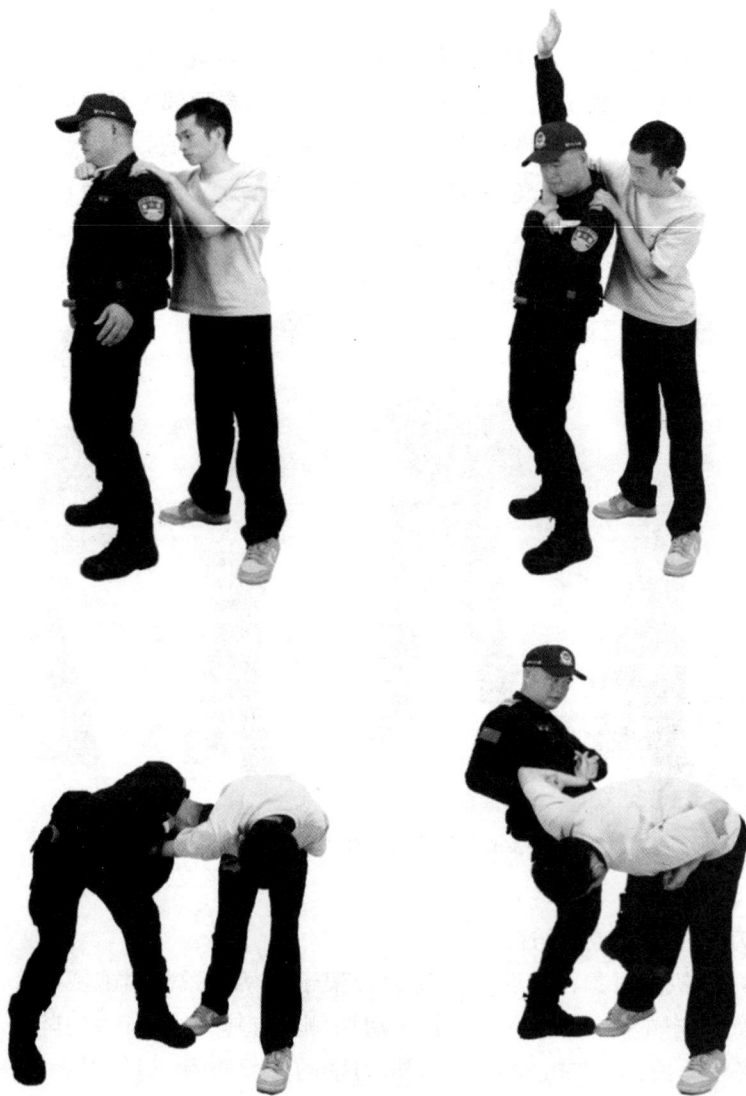

图 3-3-7　背面持刀架左颈部威胁防御

二、棍棒攻击防御

（一）持棍正面劈砸防御

视频3-3-8

【动作要领】　执法对象右手持短棍自上而下朝警察头部劈击，警察要迅速抬起双臂防护，左脚上步抬左臂，头部紧贴左手臂，以左臂外侧为着力点向左外侧格挡执法对象的右臂外侧，躲避棍棒攻击，右掌击打其面部三角区后，左臂迅速夹抱住执法对象的右臂，右手回勾其后颈部，屈膝撞击其裆部二至三次，予以其重创，顺势推开脱离，避免再次攻击（图 3-3-8、视频 3-3-8）。

图 3-3-8　持棍正面劈砸防御

【实战应用】　执法对象突然正面近距离持棍击打警察，警察在来不及拉开距离撤退，或来不及持警械防御的状况下，可迅速用此技术进行防御和击打，拉开距离脱离，避免二次攻击，在确定执法对象遭受重击失去反抗能力后，可择机进行控制。

（二）棍棒正面抡扫防御

【动作要领】　执法对象右手持短棍对警察的身体进行横向抡扫，在执法对象抡扫的一刹那，警察的左脚要迅速向前上步，使自己尽量靠近执法对象；同时向左侧伸展左臂，以左大臂外侧为着力点扛挡住执法对象的左小臂外侧；在扛挡的瞬间，左侧肩头向上耸起，右手配合向左外侧推挡其右侧肩头，以化解其攻势；左臂屈肘揽住执法对象的右臂，左手扣腕，牢牢控制住执法对象的右肘关节外侧，令其右臂紧贴警察胸前；同时身体左转，右臂屈肘，以肘尖为着力点横扫执法对象的面部；继而右手回勾住执法对象的颈部，向下发力，左脚屈膝撞击执法对象裆部，予以其重创，顺势推开撤退拉开距离后观察左右，避免再次攻击(图 3-3-9、视频 3-3-9)。

视频3-3-9

图 3-3-9　棍棒正面抡扫防御

【实战应用】　执法对象突然正面近距离持棍抡扫警察，警察在来不及拉开距离撤退，或来不及持警械防御的状况下，可迅速用此技术进行防御和击打，拉开距离脱离，避免二次攻击，在确定执法对象遭受重击失去反抗能力后，可择机进行控制。

(三)正面持棍挤压咽喉防御

【动作要领】　警察背靠墙面，执法对象持短棍横向挤压警察咽喉，欲令警察窒息。此时，警察下颚要微收并高抬双臂，然后猛然屈肘下落，以两大臂外侧为着力点，用力下压短棍两端，使棍身下滑离开警察咽喉；继而上体前倾，双手猛然向前扑出，以双手大拇指为着力点猛戳执法对象双眼，双臂屈肘回收，双手顺势抓握短棍棍身，同时右腿屈膝撞击

执法对象裆部，予以其重创，顺势推开执法对象，拉开距离后观察左右，避免再次攻击
（图3-3-10、视频3-3-10）。

图3-3-10 正面持棍挤压咽喉防御

【**实战应用**】 执法对象正面近距离持棍横向挤压警察咽喉，警察在来不及拉开距离撤

退，或来不及持警械防御的状况下，可迅速用此技术进行防御和击打，拉开距离脱离，避免二次攻击，在确定执法对象遭受重击失去反抗能力后，可择机进行控制。

（四）背面持棍勒颈防御

【动作要领】 执法对象持短棍从背后勒住警察脖颈，欲令警察窒息，警察此时要迅速用双手抓住短棍棍身，下颚微收，用力向下拉扯短棍，使之离开咽喉部；然后身体向左侧翻转，双手攥紧短棍，顺时针旋转，使头颈逃脱出来；同时，双手转动棍身，挤压对方双手，将短棍抢夺过来，右腿膝击执法对象裆部，予以其重创，顺势撤退拉开距离后观察左右，避免再次攻击（图3-3-11、视频3-3-11）。

视频3-3-11

图 3-3-11　背面持棍勒颈防御

【实战应用】　执法对象在警察背后持棍横向挤压警察咽喉，警察在来不及持警械防御的状况下，可迅速用此技术进行防御和击打，拉开距离脱离，也可择机进行控制。

三、面对持刀威胁时的第三方介入

（一）三角锁控腕跪肩压肘

【动作要领】　执法对象右手持刀威胁警察，另一警察从右后方上右脚突然切入，右手抓其右手腕，左手从其前臂穿过，缠绕抓握自己的右手腕，两臂夹紧，形成稳固结构；以右脚为轴，身体向左旋转，并带动手腕，使刀远离受威胁的警察的身体，将执法对象摔倒在地；双手折其手腕，左脚跪其肩部，可视情况折腕将刀夺下，同伴跪压控制另一只手，完成控制（图3-3-12、视频3-3-12）。

视频3-3-12

图3-3-12　三角锁控腕跪肩压肘

【实战应用】 执法对象持刀正面威胁警察，一警察与其交谈，吸引其注意力；另一警察从右后方接近，迅速用此技术进行控制，第一位警察可上前形成双警协同，在确定执法对象失去反抗能力后，将其带离。

(二)卷腕夺刀控制

【动作要领】 执法对象右手持刀威胁警察，另一警察从其右后方上右脚突然切入，双手合住，抓握执法对象右手背；以右脚为轴，身体向后旋转并折腕，使刀离开受威胁的警察的身体，顺势使执法对象旋压倒地；双手折其手腕，左脚顺势跪压肩部，将刀夺下，同伴跪压控制另一只手，完成控制(图 3-3-13、视频 3-3-13)。

视频3-3-13

图 3-3-13 卷腕夺刀控制

【实战应用】 罪犯持刀正面威胁警察，一警察与其交谈，吸引其注意力，另一警察从其右后方接近，迅速用此技术与同伴形成协同控制，将其带离。

刀械防御技术运用(情景训练)

案例一

在某监狱劳动车间,张犯近期情绪较差,不按时完成生产任务。干警 A 多次找其谈话,对其进行批评教育,并给予扣分等处分。张犯一直怀恨在心,今天又出现严重罢工情况。干警 A 在劳动车间当面怒斥张犯,并将张犯带至办公室教育。在这一过程中,两人发生激烈争吵,张犯突然拿出准备好的剪刀由下向上挑刺干警 A 的腹部⋯⋯

处置过程如下。

1.判明情况

(1)依靠本能反应,防御正面的由下向上挑刺。

(2)拉开距离,判断现场环境是否适合直接处置、周围是否有其他干警配合、有无警械器具可使用。

(3)考虑安全因素,如自己和犯人的身体素质、装备、技能、法律因素等。

2.警告

(1)在保持安全距离的情况下,大声警告制止,同时向其他干警发出警报。

(2)在警告的同时,可就近拿取警械进行对峙,等待救援。

3.使用警械制服

如果警告无效,可依法使用警械进行制服。

4.制服后的处置

制服后应观察情况,做出相应的处置。

(1)徒手或用手铐进行控制,然后带离现场,进行进一步的调查。

(2)出现受伤情况时,应对其进行控制后的治疗,如果出现晕厥情况,应立即进行抢救。

(3)制服后出现死亡时,应保护现场,并向上级报告情况。

(4)使用警械后,要按程序报告使用情况。

案例二

某监狱重型犯王犯近期情绪不稳,想杀警逃狱。他趁夜间在监狱医院打吊针时,偷偷溜至一楼值班室。王犯看到干警 B 一人在值班室,而且门也是打开的,便溜至 B 的背后,突然拿出准备好的小木棍,在背面近距离勒住其脖子,试图使 B 窒息⋯⋯

处置过程如下。

1.判明情况

(1)依靠本能反应,思索背面近距离窒息下压的防御技术及如何翻身夺棍踢裆反击。

（2）拉开距离，判断现场环境是否适合直接处置、周围是否有其他干警配合、有无警械器具可使用。

（3）考虑安全因素，如自己和犯人的身体素质、装备、技能、法律因素等。

2. 警告

（1）在保持安全距离的情况下，大声警告制止，同时向其他干警发出警报。

（2）在警告的同时，可就近拿取警械进行对峙，等待救援。

3. 使用警械制服

如果警告无效，可依法使用警械进行制服。

4. 制服后的处置

制服后应观察情况，做出相应的处置。

（1）徒手或用手铐进行控制，然后带离现场，进行进一步的调查。

（2）出现受伤情况时，应对其进行控制后的治疗，如果出现晕厥情况，应立即进行抢救。

（3）制服后出现死亡时，应保护现场，并向上级报告情况。

（4）使用警械后，要按程序报告使用情况。

📝 学习任务4 徒手解脱

学·习·目·标

1. 了解并掌握被动情况下的解脱技术。
2. 提高学员在危急状况下的自救能力。
3. 提高学员在紧急情况下的心理素质。

徒手解脱指警察身体的某一部位或关节被执法对象控制时，警察利用反关节或击打技术进行反控或脱离。

（一）前抓发解脱

【动作要领】 执法对象右手从正面抓握警察头发时，警察双手迅速抓握执法对象手背，在右脚向后退步的同时，头向前顶，双手猛力折腕下压，横切执法对象的手腕，向后侧方向将其拉倒，反拧其右臂并上提，左膝跪压执法对象背部，右膝跪压颈部，折腕控制执法对象（图3-4-1、视频3-4-1）。

视频3-4-1

【实战应用】 当执法对象正面抓住警察的头发时，警察可利用侧向折腕反关节技术快速脱离或进行控制。

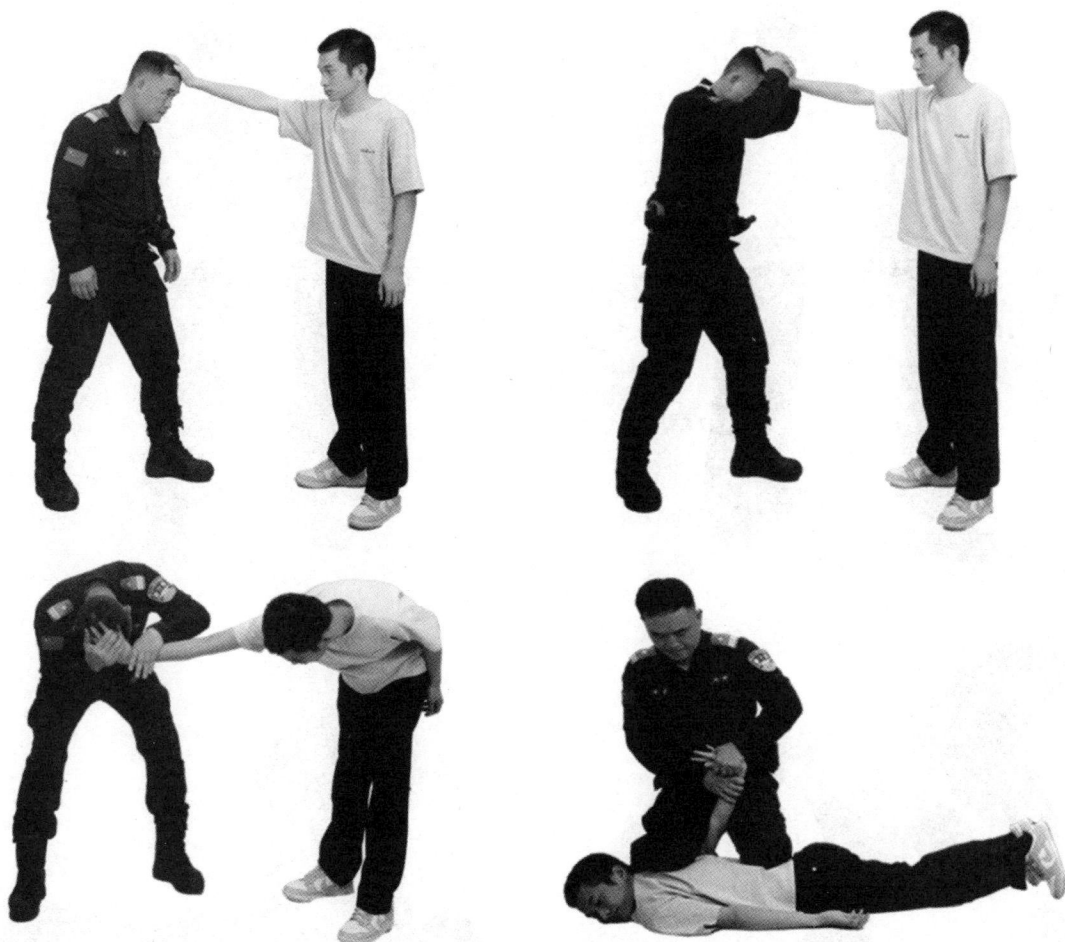

图 3-4-1 前抓发解脱

（二）后抓发解脱

【动作要领】 执法对象趁警察不备，从后方接近并突然抓扯警察头发，警察此时可迅速以右手紧扣其手背，在左脚后撤一步的同时，左肘猛击其肋部；左手绕至执法对象手臂外侧的肘关节部位，迅速后撤，转体下压其肘部，将其制服于地面（图 3-4-2、视频 3-4-2）。

视频3-4-2

【实战应用】 当执法对象从后面抓住警察的头发时，警察可利用肘击及折腕压臂进行脱离或控制。

图 3-4-2 后抓发解脱

(三)单手抓腕解脱

单手抓腕解脱有两种方法,其动作要领如下。

解脱方法一:当执法对象用右手从上往下抓握警察的右小臂时,警察可以旋转右手臂,同时向虎口方向由下往上用力回拉,身体右转,以脱离执法对象的抓握(图 3-4-3、视频 3-4-3)。

解脱方法二:当执法对象用右手从下往上抓握警察的右小臂时,警察的右手臂要由上往下,往左回拉,同时身体左转,以脱离执法对象的抓握(图 3-4-4、视频 3-4-4)。

视频3-4-3

视频3-4-4

图 3-4-3　单手抓腕解脱(一)

图 3-4-4　单手抓腕解脱(二)

【实战应用】　当执法对象在正面单手抓住警察的手腕时，警察可利用反关节技术进行快速脱离。

(四)双手抓腕解脱

双手抓腕解脱有两种方法，其动作要领如下。

解脱方法一：当执法对象用双手从上往下抓住警察的右小臂时，警察的左手要由上而下地抓住自己的右手(抱拳)，然后迅速转体，用左手拉和右肘关节上挑的合力将右小臂解脱出来(图 3-4-5)。

图 3-4-5　双手抓腕解脱（一）

解脱方法二：当执法对象用双手从下往上抓住警察的右小臂时，警察的左手要从其两手下方插入，抓住自己的右手（抱拳），然后迅速转体，用左手和右手的合力下拉，右肘向下压肘，将右小臂解脱出来（图 3-4-6）。两种双手抓腕解脱的示范见视频 3-4-5。

视频3-4-5

图 3-4-6　双手抓腕解脱（二）

【实战应用】　当执法对象在前面以双手抓住警察的手腕时，警察可利用反关节技术进行快速脱离。

（五）抓衣领解脱

抓衣领解脱有两种方法，其动作要领如下。

解脱方法一：当执法对象用右手抓住警察胸口的衣服时，警察可迅速用右手按住其右手背，同时撤右脚，向右转体，用自己的左肩迅速顶撞其右手臂，达到解脱的目的。执法对象用左手抓衣服时，解脱的动作要领同理(图3-4-7、视频3-4-6)。

视频3-4-6

图 3-4-7　抓衣领解脱(一)

解脱方法二：当执法对象用右手抓住警察的衣领时，警察要迅速用右手按压其右手背，同时撤右脚，向右转体，左手抬肘下压其小臂于腋下，右手向上侧推其右手掌，以下压上推之合力使其因手腕疼痛而松手(图3-4-8、视频3-4-7)。

视频3-4-7

【实战应用】　警察与执法对象面对面站立，执法对象突然伸出右手直抓警察前胸，警察可利用压臂折腕的反关节技术进行快速脱离。

图 3-4-8　抓衣领解脱(二)

(六)抱腰解脱

视频3-4-8

抱腰解脱有两种方法,其动作要领如下。

解脱方法一:执法对象从后面用双手抱住警察的腰时,警察要迅速下沉重心,成马步下蹲,双手向上屈臂屈腕,勾住执法对象的双手,身体左转,同时左腿后撤,置于其右腿之后,右手迅速拍击其裆部,同时左手上推其下巴,利用左手推颈右手抬腿之合力,身体左转将其摔倒,达到解脱的目的(图3-4-9、视频3-4-8)。

图 3-4-9　抱腰解脱(一)

视频3-4-9

解脱方法二:执法对象在前面用双手抱住警察的腰时,警察要迅速两腿后退,向左右撑开,重心下沉,紧腰撅臀,用双手抱其腰部,迅速抬右膝顶向其裆部,趁其剧烈疼痛时迅速推开脱离(图3-4-10)。抱腰解脱的示范见视频3-4-9。

【实战应用】　当执法对象趁警察不备,从前面或后面用双手突然抱住警察的腰时,警察可利用解脱技术进行脱离。

图 3-4-10 抱腰解脱(二)

(七)夹颈解脱

【动作要领】 执法对象从侧后方用右手夹住警察的颈部时,警察要迅速降低重心,同时用自己的右手勾住执法对象夹颈的手,左腿后撤,置于执法对象的右腿后,右手迅速拍击执法对象的裆部,同时屈肘击打执法对象的胸窝部位并迅速后推其下巴,趁其疼痛时迅速解脱(图 3-4-11、视频 3-4-10)。

视频3-4-10

图 3-4-11 夹颈解脱

【实战应用】 当执法对象趁警察不备,从侧后方用双手锁住警察的颈部时,可利用夹颈解脱技术进行脱离。

(八)正面掐喉解脱

视频3-4-11

【动作要领】 执法对象从正面突然用双手抓掐警察的喉颈部,警察要迅速用左手抓握其右手腕,右手屈肘迅速上抬,向左转体,同时以右手肘部下砸执法对象的肘关节内侧,迫使其右臂弯曲,右手迅速从外侧绕至其胸部,转体下压并将其控制住(图3-4-12、视频3-4-11)。

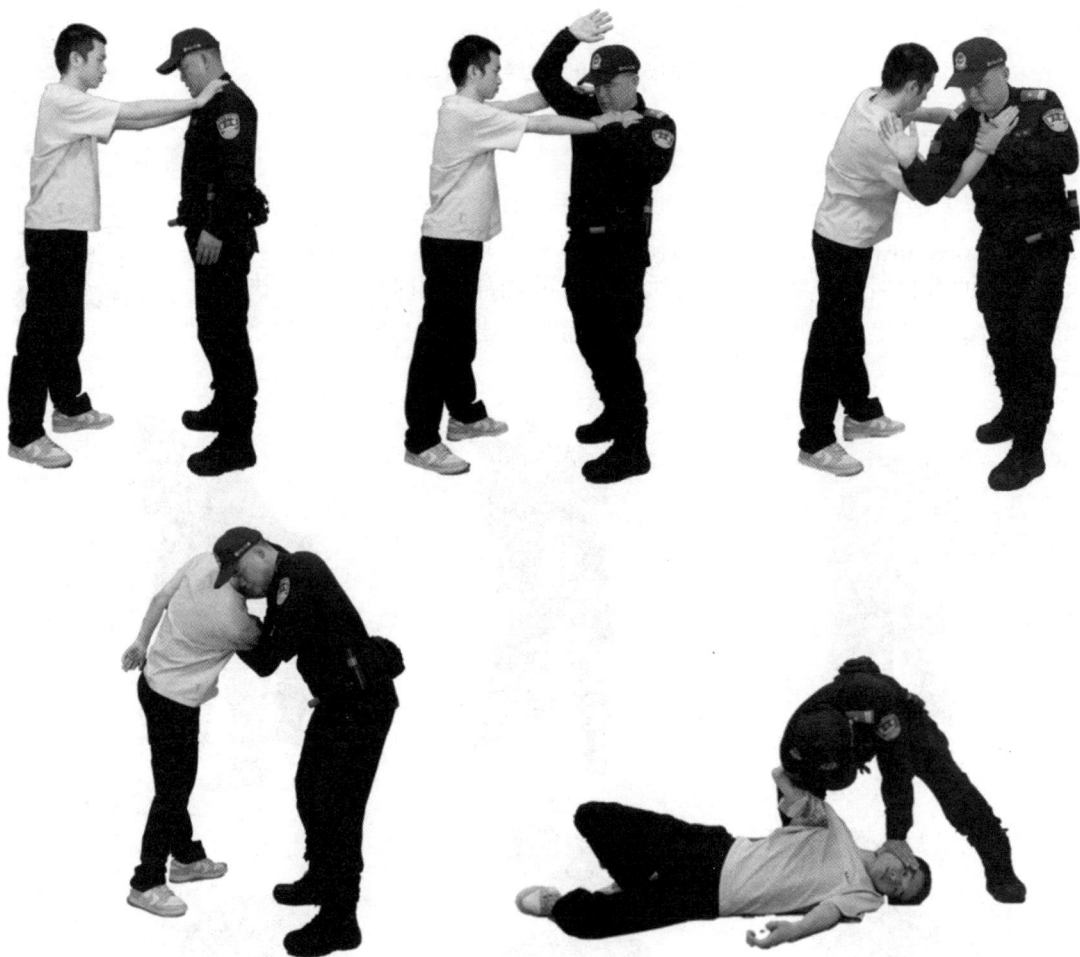

图 3-4-12 正面掐喉解脱

【实战应用】 当执法对象趁警察不备,从前方用双手抓掐警察的喉部时,警察可利用正面掐喉解脱的方法进行脱离。

徒手解脱技术运用(情景训练)

案例一

(一)执法对象基本情况

王某,男,1985 年出生,2003 年因犯故意杀人罪被某市中级人民法院判处死刑、缓期二年执行,2003 年押送某省第六监狱服刑改造。

(二)案件经过

2007 年 10 月 25 日 10 时,王某因近段时间的产品质量合格率差,在车间办公室接受了带班干警的谈话教育。王某在教育谈话期间情绪激动,认为干警在针对他,便上前掐干警的脖子,被现场的 3 名干警制服带离。

● 思考分析

1. 谈话时的距离、姿势、站位需要注意什么?
2. 谈话时如何保持警力优势?
3. 解脱技术及控制技术如何运用?
4. 谈话过程中如何固定证据?

案例二

(一)执法对象基本情况

陈某,男,1986 年出生,2008 年因犯盗窃罪被人民法院判处有期徒刑 3 年,并处罚金人民币 3000 元,2009 年押送监狱服刑。

(二)案件经过

2010 年 5 月 5 日上午 10 时许,陈某在监狱三分监区监舍内用拳击打铁栏杆,被同监舍的胡某阻止。事后,胡某将该情况向三分监区长刘警官做了汇报。5 月 6 日上午 10 时 50 分许,警察刘某在劳动现场将陈某叫至车间门口谈话教育。其间,警察刘某令陈某朝墙壁打两拳,陈某即朝水泥门柱打了两拳,警察刘某见状动手拉了陈某一下,碰到了陈某的头部。陈某转身一拳打在了警察刘某的面部。当在场警察上前将陈某制服时,陈某又抬脚踢中了刘某腹部。经法医鉴定,警察刘某轻伤。

1. 警察在接近陈某这类执法对象时应如何保证防护距离？应使用什么姿势、技术？
2. 在场警察应如何站位和配合？
3. 控制执法对象后，警察应采用什么技术？

学习任务5 反击技术

徒手反击分为上肢反击、下肢反击及摔法技术。上肢反击技术包括掌根击、掌背击、捶击、肘击、直拳、摆拳、勾拳。下肢反击技术包括膝击、前踢、横踢、截腿、正蹬、侧踹、勾踢。摔法包括抱腿摔、抱臂摔、夹抱摔。

一、上肢反击技术

（一）掌根击

【动作要领】 提手戒备，左手上抬，保护头部左侧，右脚蹬地微内扣，向左转胯拧腰，重心移至左脚，右肩随掌击打方向前推，右掌向前做快速的屈伸动作，五指微屈，力达掌根，掌心朝前，力量通过右腿、腰、肩、臂输送到掌根，击打完毕，阻停对方后可衔接脱离或控制技术，异侧同理（图3-5-1、视频3-5-1）。

视频3-5-1

图3-5-1　掌根击

【实战应用】 此技术用于正面反击执法对象的横向攻击，击打部位为执法对象的锁骨下臂丛神经或面部。

（二）掌背击

【动作要领】　提手戒备，左手上抬，保护头部左侧，身体右转，同时蹬地拧腰转胯，右手屈伸，利用手背击打执法对象的臂丛神经，力量通过左腿、腰、肩、臂输送到掌背，击打完毕后可衔接脱离或控制技术，异侧同理（图 3-5-2、视频 3-5-2）。

视频3-5-2

图 3-5-2　掌背击

【实战应用】　此技术可用于正面反击执法对象的横向攻击，击打部位为执法对象的臂丛神经。

（三）肘击技术

【动作要领】　提手戒备，左手上抬，保护头部左侧，右手屈肘上抬，与肩齐平，利用蹬地、转胯、拧腰之力，带动手肘由右向左横向摆击，力达肘尖前端，完成击打动作后迅速恢复成戒备姿势，防守与进攻时可配合步法调整距离，阻停对方后可衔接脱离或控制技术，异侧同理（图 3-5-3、视频 3-5-3）。

视频3-5-3

【实战应用】　此技术可用于正面反击执法对象的横向攻击，击打部位为执法对象的锁骨下端臂丛神经或面部。

（四）捶击

【动作要领】　提手戒备，左手防御，右手握拳，针对执法对象的左肩至右肋、右肩至左肋做"八"字击打，或水平横向击打，击打完毕后，手直线收回，还原成戒备状态，可结合步法进行捶击，异侧同理（图 3-5-4、视频 3-5-4）。

视频3-5-4

图 3-5-3　肘击技术

图 3-5-4　捶击

【实战应用】　此技术可用于正面阻挡执法对象的上肢攻击或俯身抱腰，击打部位为执法对象的肩胛上端神经、背部或头部。

(五)直拳

1.左直拳

【动作要领】　在戒备式的基础上，右脚微蹬地面，重心微向前脚移动，上体微右转；左拳由屈到伸并内旋90度，直线向前击出，发力于腰，力达拳面(图3-5-5、视频3-5-5)。

视频3-5-5

【实战应用】　左直拳主要用于迎击执法对象的正面攻击，击打部位为脸部及胸部。也可在戒备式的基础上由拳变掌推击执法对象的脸部、肩窝或上胸部，使之退至安全距离之外。

图3-5-5　左直拳

2.右直拳

【动作要领】　在戒备式的基础上，右脚微蹬地，以前脚掌向内转，转腰送肩，上体左转；右臂由屈到伸并内旋90度，右拳直线向前冲出，力达拳面(图3-5-6、视频3-5-6)。

视频3-5-6

【实战应用】　右直拳与左直拳相同，但力量一般要大于左直拳，可用于危险情况下的正面迎击。

(六)摆拳

1.左摆拳

【动作要领】　在戒备式的基础上，上体微向右转，同时左拳向外(约45度)、向前、向内做平面弧形横击，臂微屈，拳心朝下；转腰发力，力达拳面或偏于拳眼侧(图3-5-7、视频3-5-7)。

视频3-5-7

图 3-5-6　右直拳

图 3-5-7　左摆拳

【实战应用】　执法对象攻击警察的左侧时，可用左摆拳迎击，击打部位为执法对象的头部左侧。

2. 右摆拳

【动作要领】　右脚微蹬地并以前脚掌向内转，合胯并向左转腰，右拳向外(约 45 度)、向前、向内做平面弧形横击；上体左转，腰胯发力，力达拳面或偏于拳眼侧(图 3-5-8、视频 3-5-8)。

视频3-5-8

图 3-5-8　右摆拳

【实战应用】　执法对象攻击警察的右侧时，可用右摆拳迎击，击打部位为执法对象头部右侧。

(七)勾拳

1. 左勾拳

【动作要领】　上体微左转，重心略下沉，腰迅速向右转，发力于腰，左拳由下向前上方勾击，上臂夹角为 90 ~ 110 度，拳心朝里，力达拳面（图 3-5-9、视频 3-5-9）。

视频3-5-9

图 3-5-9　左勾拳

【实战应用】 执法对象攻击警察的正面时，可用左勾拳进行迎击，击打部位为执法对象的下颚、胸及两肋。

2.右勾拳

【动作要领】 右脚蹬地，扣膝合胯，腰微右转；右拳向下、向前、向上勾击，上臂与前臂夹角为90~110度，拳心朝里，力达拳面(图3-5-10、视频3-5-10)。

视频3-5-10

图 3-5-10　右勾拳

【实战应用】 执法对象攻击警察的正面时，可用右勾拳进行迎击，击打部位为执法对象的下颚、胸及两肋。

二、下肢反击技术

(一)膝击

视频3-5-11

【动作要领】 提手戒备，两手控制执法对象的手肘和手腕，右脚掌蹬地发力，身体重心前移至左腿，上体左转，正对前方，右腿随即向正前方屈膝，顶击执法对象的腓总神经，脚尖绷直，以大腿带动小腿，同时送髋，力达膝盖，动作完成后恢复戒备姿势，异侧同理(图3-5-11、视频3-5-11)。

【实战应用】 在控制执法对象时，可侧面膝击执法对象大腿外侧的腓总神经，并结合徒手技术。

图 3-5-11 膝击

（二）前踢

视频 3-5-12

【动作要领】 提手戒备，身体重心移到左腿，左腿稍屈支撑，右腿提膝，大腿带动小腿，向前弹击，力达脚尖，击打后迅速收腿，恢复戒备姿势，异侧同理（图 3-5-12、视频 3-5-12）。

图 3-5-12 前踢

【实战应用】 当执法对象正面攻击警察时，警察可以前踢其踝前腓深神经，结合徒手技术进行控制。

（三）低位横踢

视频 3-5-13

【动作要领】 提手戒备，身体重心前移，左前脚掌撑地，左脚跟内旋，微屈膝支撑，身体侧身左转，同时右腿大腿带动小腿向左侧踢出，力达胫骨下端或脚背，踢击执法对象的大腿内侧或外侧，击打后迅速收腿，恢复戒备姿势，异侧同理（图 3-5-13、视频 3-5-13）。

【实战应用】　当执法对象以上肢攻击警察时，可利用低位横踢反击其大腿上的神经，脱离后结合徒手技术进行控制。

图 3-5-13　低位横踢

(四)截踢

【动作要领】　执法对象向前冲撞攻击警察，警察的一条腿稍屈支撑，另一条腿屈膝提起，勾脚尖并外翻，以脚掌中后部为着力点，随即由屈到伸，向前下方截击，力达脚掌；可截踢执法对象的胫骨或胯骨位置，阻停其攻击动作，为后续处置赢得时间和空间，截踢后迅速收腿，异侧同理(图 3-5-14、视频 3-5-14)。

视频3-5-14

图 3-5-14　截踢

【实战应用】　当执法对象从正面用上肢攻击警察时，可截踢其胫骨或股骨，可结合徒手技术进行控制。

（五）蹬腿

1. 左蹬腿

【动作要领】　右腿微屈支撑，左腿提膝抬起、勾脚，当膝稍高于髋时，以脚领先向前蹬出，髋微前送，力达脚掌（图 3-5-15、视频 3-5-15）。

图 3-5-15　左蹬腿

【实战应用】　执法对象攻击警察时，警察可用左蹬腿进行正面迎击，可攻击执法对象的胸部、腹部或下肢。

2. 右蹬腿

【动作要领】　身体重心前移至左腿，左腿微屈支撑，身体稍左转，右腿屈膝前抬、勾脚，以脚领先向前蹬出，髋微前送，力达脚掌（图 3-5-16、视频 3-5-16）。

图 3-5-16　右蹬腿

【**实战应用**】 执法对象攻击警察时，警察可用右蹬腿进行正面迎击，可攻击执法对象的胸部、腹部或下肢。

（六）踹腿

视频3-5-17

1. 左踹腿

【**动作要领**】 身体重心移向右腿，右腿微屈支撑，左腿屈膝抬起，与髋同高，小腿外翻，脚尖勾起，由屈到伸展髋、挺膝，向前踹出，上体微侧倾，力达脚底（图 3-5-17、视频 3-5-17）。

图 3-5-17 左踹腿

【**实战应用**】 执法对象攻击警察时，可用左踹腿进行正面迎击，可攻击执法对象的胸部、腹部或下肢。

2. 右踹腿

视频3-5-18

【**动作要领**】 左脚尖外摆，重心移至左腿，左腿微屈支撑，右腿屈膝抬起，与髋同高，大腿内收，脚尖勾起，脚掌正对攻击执法对象，随后由屈到伸向前踹出，上体微侧倾，力达脚底（图 3-5-18、视频 3-5-18）。

图 3-5-18 右踹腿

【实战应用】　执法对象攻击警察时，警察可用右踹腿进行正面迎击，可攻击执法对象的胸部、腹部或下肢。

(七)勾腿

1.左勾腿

【动作要领】　右腿弯曲，膝稍外展，上体稍右转，收腹合胯；左腿以大腿带动小腿，直腿向前、向右做弧线擦地勾踢动作，挺膝勾脚，力达脚弓内侧（图3-5-19）。

图 3-5-19　左勾腿

【实战应用】　左勾腿可将执法对象勾倒或破坏其下肢的平衡性，为下一步的地面徒手控制做铺垫。

2.右勾腿

【动作要领】　重心移至左腿，左腿弯曲，左脚外展，收腹合胯；右腿以大腿带动小腿，直腿向前、向左做弧线擦地勾踢动作，挺膝勾脚并内扣，力达脚弓内侧（图3-5-20）。

图 3-5-20　右勾腿

【实战应用】 右勾腿用法同左勾腿。左勾腿、右勾腿的示范见视频 3-5-19。

视频3-5-19

三、摔法技术

摔法指在近身搏斗中用来破坏对方重心，并将其摔倒在地的技法。其技术要求是反应快速、动作果断，要顺势借力，避免扭抱，可选择徒手技术进行地面控制或脱离。摔法技术可分为抱腿摔、搂臂摔及夹抱摔等技术。

(一)抱腿摔技术

1.接腿前切

【动作要领】 当执法对象以左踹腿或左鞭腿进攻时，警察要立即用里抄抱腿的方法抄抱其小腿，然后左脚向前上步，换右臂掀抱其小腿，以左前臂下端外侧为着力点向前切压执法对象的胸部或面部，使其摔倒(图 3-6-1、视频 3-6-1)。

视频3-6-1

【实战应用】 执法对象用鞭腿或踹腿攻击警察时，警察可运用接腿前切技术将其摔倒。

图 3-6-1 接腿前切

2. 接腿下压

【动作要领】　当执法对象用左鞭腿进攻时，警察可以立即以里抄技术抄抱其腿，然后右腿立即向后撤步，上体右转，左手回拉；同时躯干前屈，用肩和胸下压执法对象的左腿内侧，将其摔倒(图3-6-2、视频3-6-2)。

【实战应用】　执法对象用鞭腿攻击警察时，警察可运用接腿下压技术将其摔倒。

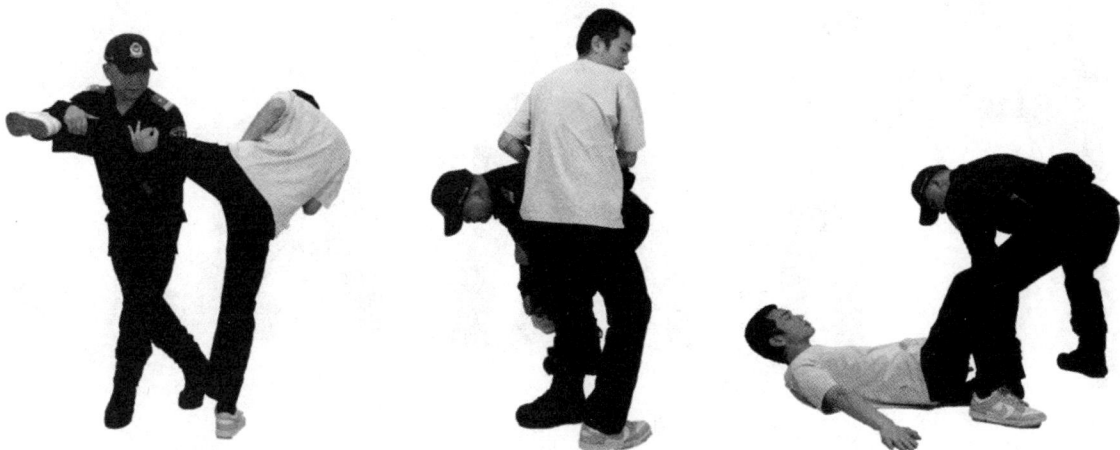

视频3-6-2

图 3-6-2　接腿下压

3. 接腿挂腿

【动作要领】　当执法对象用右腿进攻警察的肋部时，警察要立即以左腿抢先进步，用左手外抄抱其右小腿，右腿抬起前伸，以小腿由前向后搂挂其支撑腿；同时右手用力向前、向下推压其右肩，将其摔倒(图3-6-3、视频3-6-3)。

视频3-6-3

图 3-6-3　接腿挂腿

4. 抱腿前顶

【**动作要领**】 执法对象用上肢进攻时，警察要迅速上左脚，身体下潜闪躲，然后两手抱其双腿膝窝下部，两手用力回拉；同时用左肩前顶其大腿根部或腹部，将其摔倒(图3-6-4、视频3-6-4)。

【**实战应用**】 执法对象向警察猛扑过来时，警察可以突然下潜，运用抱腿前顶技术将其摔倒。

视频3-6-4

图 3-6-4 抱腿前顶

5. 抱腿旋压

【**动作要领**】 右脚蹬地，上左步，身体下潜，重心移至左腿；同时左手抄抱执法对象的大腿内侧，右手抱住其小腿，以左脚掌为轴，身体向右后方旋转，以右手提、左肩压的合力将其摔倒(图3-6-5、视频3-6-5)。

视频3-6-5

图 3-6-5 抱腿旋压

【实战应用】　执法对象向警察猛扑过来时，警察可以突然下潜，运用抱腿旋压技术将其摔倒。

6.抱腿搂腿

视频3-6-6

【动作要领】　上步，左手抱执法对象的后腰，右手抱其左膝窝，用力回拉，使其左腿离地；左腿抬起前伸，由前向后搂挂其支撑腿，同时用左肩向前顶靠其肋部，将其摔倒(图3-6-6、视频3-6-6)。

【实战应用】　执法对象向警察猛扑过来时，警察可以突然下潜，运用抱腿搂腿技术将其摔倒。

图 3-6-6　抱腿搂腿

7. 折腰搂腿

【动作要领】 下闪，两臂抱住执法对象的腰部，右腿抬起，并以小腿由前向后搂挂其左小腿；同时两手抱紧其腰部，上体前压其胸，使其后倒（图 3-6-7、视频 3-6-7）。

视频3-6-7

图 3-6-7 折腰搂腿

【实战应用】 执法对象向前贴近警察时，警察可顺势运用折腰搂腿技术将其摔倒。

8. 压颈搂腿

【**动作要领**】 提手戒备，俯身屈髋并向左转腰，以左手压推执法对象的后颈部，右手向上搂托其左膝关节，使其向前翻滚倒地（图 3-6-8、视频 3-6-8）。

视频3-6-8

图 3-6-8 压颈搂腿

【**实战应用**】 执法对象想要下潜搂抱警察的双腿时，警察可运用压颈搂腿技术将其摔倒。

（二）抱臂摔技术

1. 切别摔

视频3-6-9

【动作要领】 执法对象以右摆拳攻击警察，警察左手格挡、右掌根击后，上左脚，置于其右腿外侧；右腿快速上步绊其支撑腿，同时右手肘部上挑其下颌，使其向后仰，利用下拉、挑击和绊腿之合力将其摔倒，异侧同理（图 3-6-9、视频 3-6-9）。

图 3-6-9　切别摔

【实战应用】 警察可突然近身，利用切别摔技术使执法对象向后摔倒，然后配合地面控制技术将其制服。

2. 卷腕摔

【动作要领】　执法对象右手横向击打警察，警察左手迅速抓握其右手小臂，右手前臂向下格压其右手肘上端，右手切压其手肘，同时左手将其手腕向左后方折腕，右手接握其左手手腕，左脚向后背步，利用转体的力量向内向下将其摔倒，然后进行侧位手腕锁控制，异侧同理(图 3-6-10、视频 3-6-10)。

视频3-6-10

图 3-6-10　卷腕摔

【实战应用】　执法对象进攻时，警察可突然近身，使用卷腕摔技术使其向后摔倒，然后配合地面控制技术将其制服。

3. 压肘摔

视频3-6-11

【动作要领】 执法对象以右手推搡警察，警察左侧滑步，同时左手向右拍击其小臂，右手向左拍击其手肘后侧，利用两手合力将其右肘打弯，然后合掌，随后身体前倾，利用右手小臂切压其手肘处，重心迅速下沉，将其压摔至地面，完成控制，异侧同理（图 3-6-11、视频 3-6-11）。

图 3-6-11 压肘摔

【实战应用】　执法对象攻击警察时，警察可突然近身，使用压肘摔技术将其向下压倒，然后配合地面控制技术将其制服。

(三)夹抱摔技术

1.抱腰过背

【动作要领】　执法对象用右摆拳攻击警察的头部时，警察要用左手外格挡其右拳，并迅速夹握其右前臂，同时右臂从其左腋下穿过，搂抱其后腰；身体左转，左脚向后插半步，双腿屈膝，臀部抵住其小腹；两腿蹬伸，弓腰，头向左转，将其背起后摔倒(图 3-6-12、视频 3-6-12)。

【实战应用】　执法对象用摆拳攻击警察时，警察可运用抱腰过背技术将其摔倒。

图 3-6-12　抱腰过背

2.夹颈过背

【动作要领】　执法对象用右摆拳攻击警察的头部时，警察要立即以左手挂挡其右拳，并迅速夹握其右前臂，右臂从其左肩上穿过，屈臂夹住其颈部；右脚向后插半步，与左脚平行，两腿屈膝，臀部抵住其小腹；身体左转，两腿蹬伸，弓腰，头向左转，将其背起后摔倒，异侧同理(图 3-6-13、视频 3-6-13)。

图 3-6-13　夹颈过背

【实战应用】　执法对象用摆拳攻击警察时，警察可运用夹颈过背技术将其摔倒。

3. 侧位圈抱

侧位圈抱有两种方法，其动作要领如下。

方法一：执法对象站立且双手位于身体两侧，警察可从其右侧上步，双手环抱其身体，固定其大臂和肘关节，将头置于其背后，异侧同理（图3-6-14）。

方法二：执法对象站立且双手位于身体两侧，警察可从其右侧上步，左手从其左腋下穿过，双手环抱其身体，双手合掌，固定其右手大臂和肘关节，将头置于其背后，异侧同理（图3-6-15）。两种侧位圈抱的示范见视频3-6-14。

视频3-6-14

图 3-6-14　侧位圈抱（一）

图 3-6-15　侧位圈抱（二）

【实战应用】　圈抱技术一般针对对抗程度较低的执法对象使用，是警组控制中的一种过渡技术。当有两名及以上的警察时，可先使用该技术限制执法对象的活动，另一名警察控制住执法对象的一只手臂后，圈抱的警察再进行加强控制。

4. 切压摔

【动作要领】　警察从执法对象的右侧接近，将其环腰抱住，若其继续反抗，警察可以左手抵腰，右手上抬至上额，双手同时对向用力，使其向后跌倒，在其倒地的同时，左手拖住其后脑，右手抄抱其右手，利用右腿小腿格压其右手臂，向右转体，使其翻身成俯卧状态，完成双膝跪压控制，异侧同理（图3-6-16、视频3-6-15）。

视频3-6-15

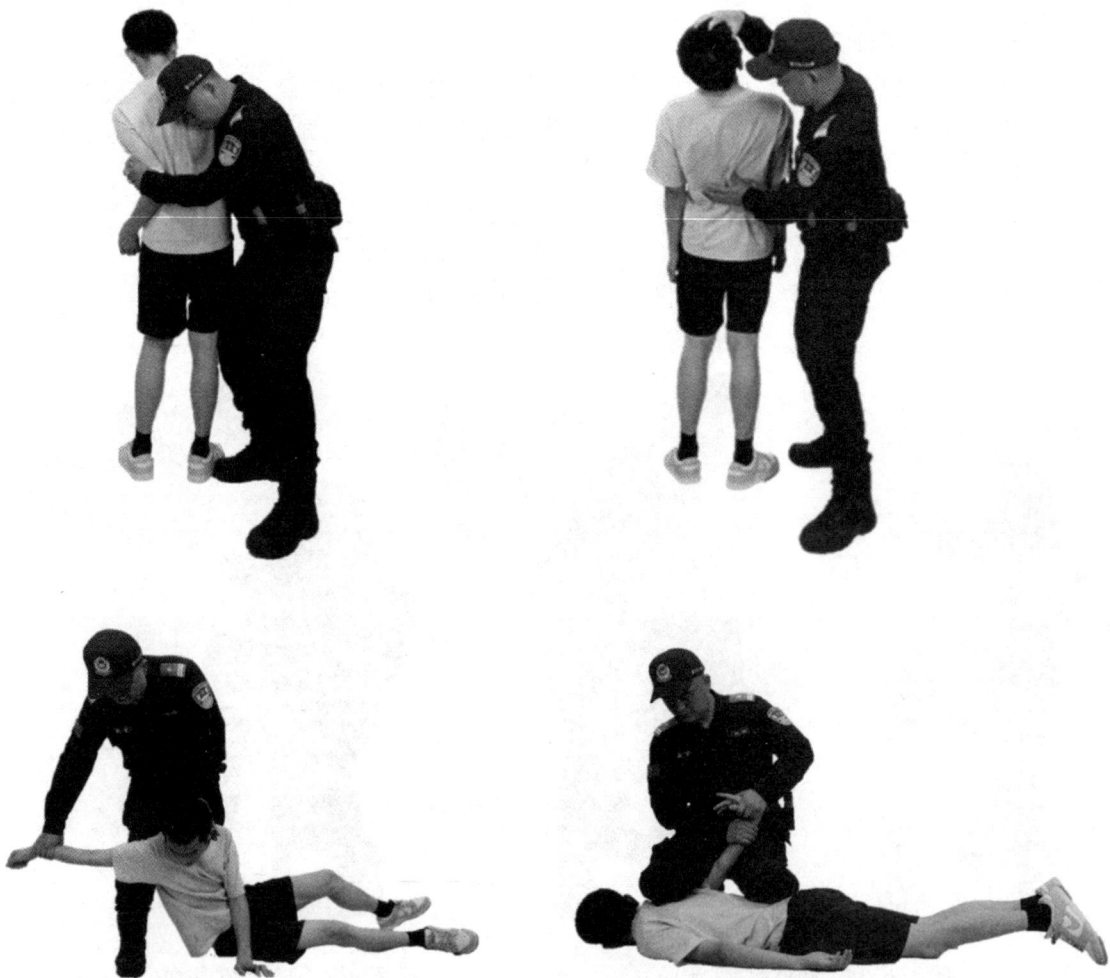

图 3-6-16　切压摔

【实战应用】　切压摔用于从侧面环抱执法对象，可利用向后推上额、向前推腰的合力迅速破坏其重心，迫使其倒地，然后进行控制。要注意保护执法对象的后脑，防止硬着地摔伤。

5. 后位圈抱

【动作要领】　执法对象站立且双手位于身体两侧，警察从其后侧接近，双手将其环腰抱住，双手合掌位于其腹前，将头置于其背后，异侧同理（图 3-6-17、视频 3-6-16）。

视频3-6-16

【实战应用】　后位圈抱技术针对的是对抗程度较低的执法对象，是警组控制中的一种过渡技术。当有两名及以上的警察时，可先使用该技术限制执法对象的活动，另一名警察协助控制，圈抱的警察进行加强控制。

图 3-6-17 后位圈抱

6.背心摔

【动作要领】 警察从执法对象后侧接近，双手环腰将其抱住，若此时其仍继续抵抗，警察的左手要从其左腋下穿过，右手上抬至其右肩处，利用右小臂切压其斜方肌，双手合掌，向前顶胯，双手向后向下发力，使其失去重心倒地，异侧同理(图 3-6-18、视频 3-6-17)。

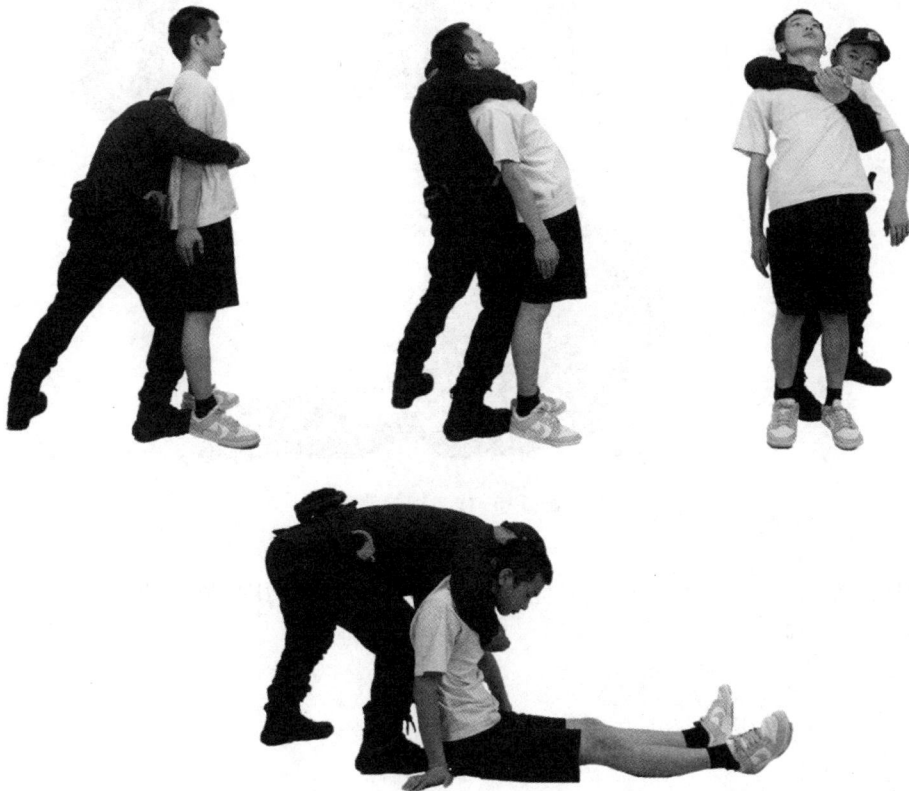

视频3-6-17

图 3-6-18 背心摔

【实战应用】 从执法对象的后侧接近，然后进行圈抱，在其未停止反抗的情况下，可利用背心摔使其向后迅速摔倒，可选择徒手技术继续进行控制。

7.抱腰摔

【动作要领】 从执法对象右侧接近，双手将其环腰抱住；若此时其仍继续抵抗，警察的左脚要向左前方上步，右腿跟步，转换到其后侧，以两脚蹬地、双手上抱及挺髋之合力将其抱起，迫使其失去重心而倒地，异侧同理(图3-6-19、视频3-6-18)。

视频3-6-18

图3-6-19　抱腰摔

【实战应用】 在实战中，要从侧面接近执法对象，可利用抱腰摔将其迅速摔倒，配合徒手技术进行控制。

学习单元四　徒手控制技术

学习任务 1　压点控制

> ### 学习目的
>
> 1. 了解神经压点的生理原理，理解压点控制的机理及作用。
> 2. 掌握单人压点及多人协同配合控制的技巧，形成注重安全的战术意识。
> 3. 结合实战，提高压点控制技术的运用能力。

在突发事件中，掌握压点控制技术，对执法对象进行有效的控制，可以在保证执法安全及执法威严的同时，进行有效的执法。

一、神经压点的位置

压点控制技术是在以人为本的执法理念下，结合现代人体医学知识研究出来的一种低伤害的控制技巧。在具体操作时，警察以指尖或指关节按压或击打执法对象身上的一处或多处神经点（主要的压点位置如图 4-1-1 所示），使之产生疼痛、眩晕、肢体肌肉麻痹等生理反应，从而顺利地将其控制并带离现场。当前，一线警察的执法环境比较恶劣，面对轻微暴力袭警及消极抵抗时，传统的擒拿格斗技术难以适应执法实践的需要，压点控制技术便是有效的补充。

压点控制技术的基本原理与我国传统的中医穴位针灸及武术中的点穴原理相通，其动作简单易学、安全性高，既能有效控制执法对象，保护警察的安全，又不会对执法对象造成任何遗留性伤害。其技术动作贴近实战、应变性强，可以应对任何级别的反抗，可以避免引发负面的社会舆论，突出警察文明执法的形象，有利于维护警察的执法尊严。

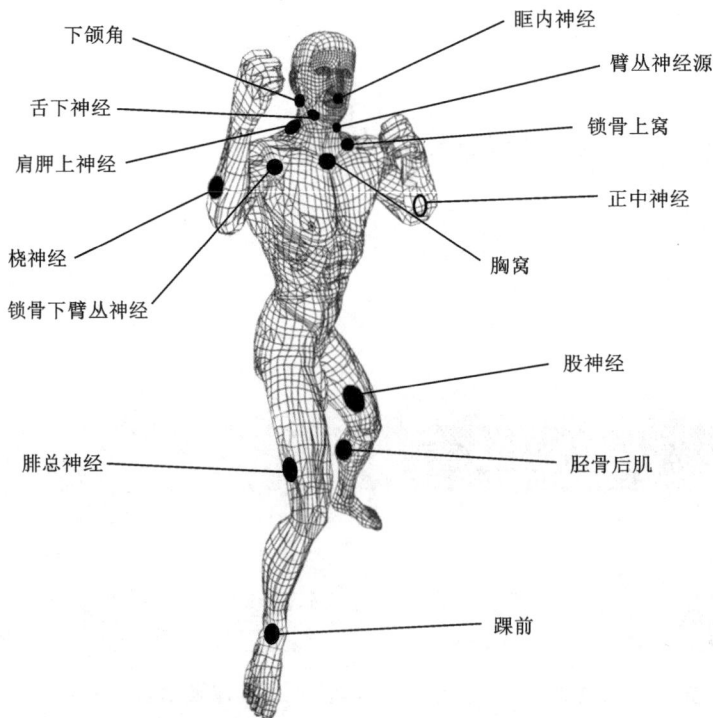

图 4-1-1　压点位置图

在使用压点控制技术时，要正确履行按压的步骤：①稳定头部或受压肢体；②运用手指尖、肘、膝盖施压或以手捶打；③大声重复口头命令，要求执法对象服从；④当其服从命令后，减轻压力，但要继续按着神经点和肌肉群，保持控制状态。

二、压点控制技术

(一)头部神经丛压点

1. 下颌角神经压点

【动作要领】　当执法对象不服从管教，以要赖的形式抗拒劳动改造，警察说教无效时，警察要从后方接近执法对象，成左弓步，左膝贴靠其背部，左肘压其左肩，左手按其额头，与警察的左肩部形成固定，使其头部微左偏，右手立起成防护姿势，大拇指伸直，其余四指握拳，拳心朝下，拇指贴于拳眼上，以拇指指尖按压其右侧耳后穴位，向鼻尖方向施加按压力量，重复命令，要求其服从，一旦服从，便减轻按压力量并将其控制住(图 4-1-2、视频 4-1-1)。

【实战应用】　要在双警或三警控制住执法对象双手的前提下协同配合进行压点，切忌单警进行压点控制，以避免执法对象攻击警察。

视频4-1-1

图 4-1-2　下颌角神经压点

2.眶内神经压点

【动作要领】　当执法对象不服从管教,以耍赖的形式抗拒劳动改造,警察说教无效时,警察要从后方接近执法对象,成左弓步,左膝贴靠其背部,左肘压其左肩,左手按在其额头上,与警察的左肩部形成固定,右手立起成防护姿势,右手成掌手指并拢,掌心朝下,以食指指节中段按压其人中与鼻子的交界处,朝斜上方 45 度方向发力,重复命令,其一旦服从,便减轻按压力量并将其控制住(图 4-1-3、视频 4-1-2)。

视频4-1-2

【实战应用】　要在双警或三警控制住执法对象双手的前提下协同配合进行压点,切忌单警进行压点控制,后续可结合徒手技术控制并带离。

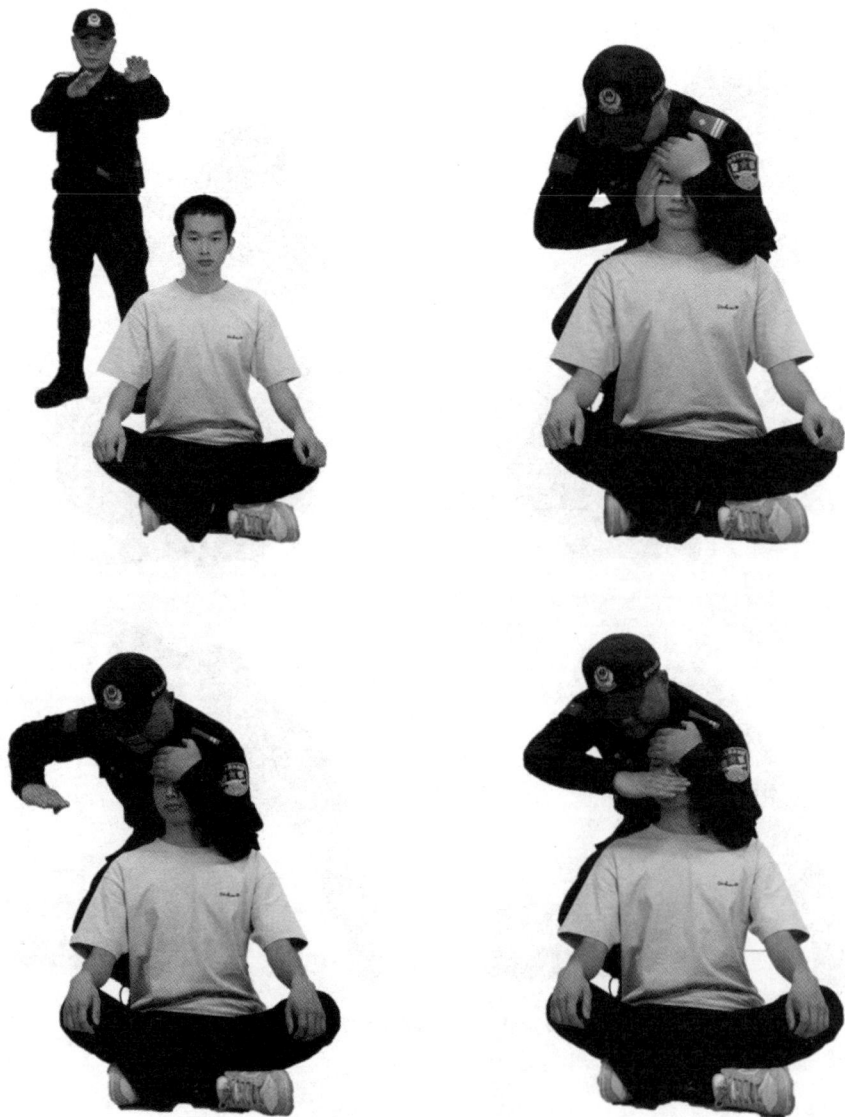

图 4-1-3　眶内神经压点

3. 舌下神经压点

【动作要领】　当执法对象不服从管教，以耍赖的形式抗拒劳动改造，警察说教无效时，警察要从后方接近执法对象，成左弓步，左膝贴靠其背部，左肘压其左肩，左手按其额头，与警察的左肩部形成固定，使其头部微左偏，右手立起成防护姿势，大拇指伸直，其余四指握拳，拳心朝左，拇指贴于拳眼之上，第一指节上翘，以拇指指腹向上顶住神经点（下颌角沿下颌骨方向向前 2.5 厘米、向内 2.5 厘米），朝头顶方向用力施加按压力量，重复命令，其一旦服从，便减轻按压力量并将其控制住（图 4-1-4、视频 4-1-3）。

视频 4-1-3

图 4-1-4 舌下神经压点

【实战应用】 要在双警或三警控制住执法对象双手的前提下协同配合进行压点，切忌单警进行压点控制，以避免执法对象攻击警察，后续可结合徒手技术控制并带离。

(二)上肢神经压点及击打

1. 臂丛神经源击打

【动作要领】 当执法对象和另一方进行撕扯、推搡时，警察在语言控制失效后，要从后方接近，右手成拳，拳眼朝上，拳心朝左，将拳轮的位置高举过头顶，由最高点迅速下落至执法对象的肩胛上端击打位置(脊柱顶部斜上方45度角),肘关节保持锁死状态,不要曲肘(动作类似于钟摆运动),当执法对象出现眩晕时,迅速上前将其控制住(图4-1-5、视频4-1-4)。

【实战应用】 警察从后侧接近执法对象,利用向下的捶击技术击打肩胛上端臂丛神经源,使执法对象短暂失去反抗能力,然后结合徒手技术进行控制。

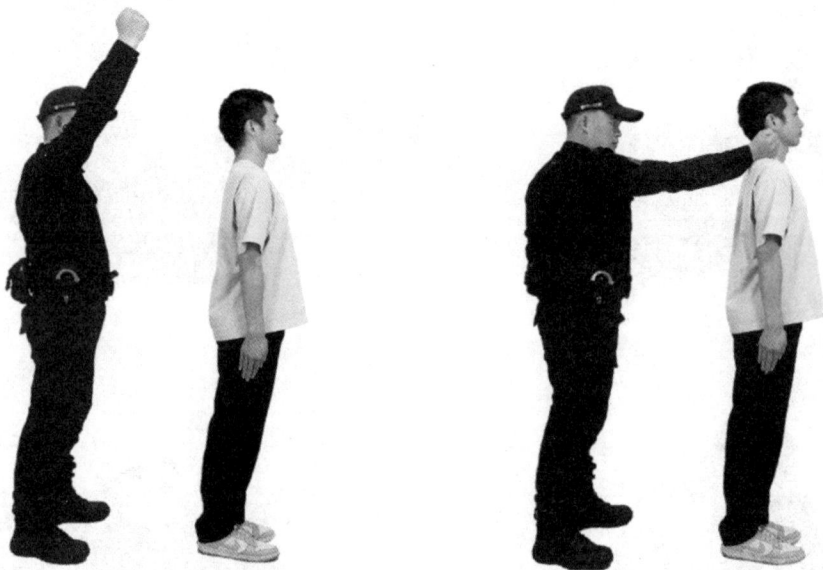

视频4-1-4

图4-1-5 臂丛神经源击打

2.锁骨末臂丛神经击打

【动作要领】 当执法对象徒手或持械由后往前进攻警察时,警察要用左手或右手格挡,右手或左手前推,利用掌根击打执法对象右侧或左侧的锁骨末臂丛神经(位于锁骨末端与手臂的连接处),可快速多次击打,使其手臂失去力量,然后迅速上前将其控制住(图4-1-6、视频4-1-5)。

视频4-1-5

【实战应用】 当执法对象正面攻击警察时,警察可利用掌根击打执法对象的臂丛神经,使其短暂失去反抗能力,然后结合徒手技术进行控制。

3.正中神经击打或跪压

【动作要领】 当执法对象站立且抓住某

图4-1-6 锁骨末臂丛神经击打

人衣领或栏杆不松手，警告无效时，警察可从其侧面接近，左手托住小臂下方，右手成拳，拳眼朝上，拳心朝左，将拳轮的位置高举过头顶，由最高点迅速下落至执法对象的小臂内侧中段击打位置。当其因疼痛而本能地松手时，迅速上前将其控制住。执法对象倒地时，也可以采用膝盖跪压正中神经的技术(图4-1-7)。

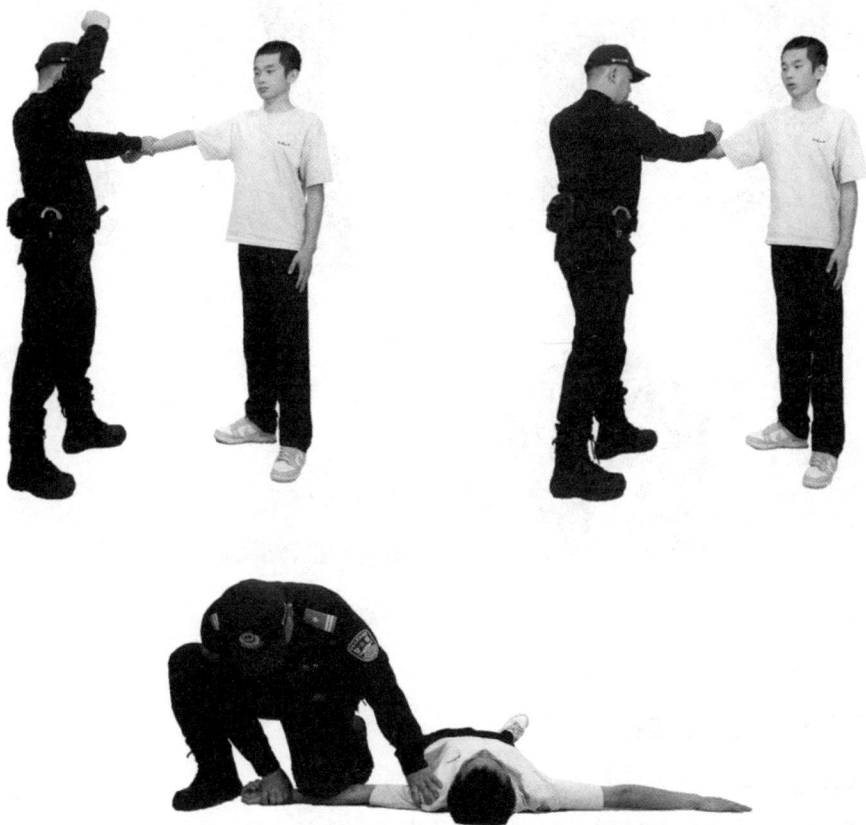

图4-1-7 正中神经击打或跪压

【实战应用】 警察可捶击或跪压执法对象的正中神经，使其暂时失去反抗能力，可结合徒手技术进行控制。

4.桡神经压点(击打)

【动作要领】 当执法对象站立且抓住某人衣领或栏杆不松手，警告无效时，警察可从其侧面接近，左手托住小臂下方，右手成拳，拳眼朝上，拳心朝左，将拳轮的位置高举过头顶，由最高点迅速下落至执法对象的小臂外侧中段击打位置。执法对象因疼痛而本能地松手时，迅速上前将其控制住。当执法对象仰躺在地面上时，警察可迅速上前，用双手固定其手臂，露出神经位置，用膝盖进行跪压(图4-1-8)。

视频4-1-6

【实战应用】 警察捶击或跪压执法对象的桡神经，使其暂时失去反抗能力，可以结合徒手技术进行控制。正中及桡神经压点的示范见视频4-1-6。

图 4-1-8 桡神经压点 (击打)

(三) 下肢神经压点及击打

1. 腓总神经压点

视频 4-1-7

【动作要领】 执法对象仰卧，警察跪步于其左腿侧，双手将其腿提离地面，左手由里向外从膝关节下穿过，并抓握其右手腕；右手成掌，掌根紧贴其大腿中段股四头肌的侧面，向另一腿的方向施压，重复命令，使其服从。其一旦服从，便减轻按压力量，但仍然要按压，如再反抗，重新施压。要利用左手大臂夹住其小腿，用左手与右手相扣的合力控制住其膝关节 (图 4-1-9、视频 4-1-7)。

图 4-1-9 腓总神经压点

【实战应用】　在其他警察固定或控制住执法对象的上肢和另一条腿的情形下,可采用此手法按压执法对象的大腿腓总神经,使其因疼痛而抵抗。

2. 股神经压点

【动作要领】　执法对象仰躺在地面上,警察可迅速上前,用双手固定其大腿,用膝盖尖对大腿内侧中段的股神经进行跪压,迫使其服从指令(图4-1-10、视频4-1-8)。

视频4-1-8

【实战应用】　执法对象仰卧,多名警察控制其上肢及另一条腿,若执法对象仍反抗或攻击警察,警察可迅速跪压其大腿内侧中段的股神经,使其因疼痛而放弃抵抗,然后结合徒手技术进行控制。

图4-1-10　股神经压点

3. 胫神经压点

【动作要领】　执法对象俯卧在地面上,警察上前将其一条腿固定住,然后跪压其小腿后侧下端三分之二处,使其因痛而服从指令(图4-1-11、视频4-1-9)。

视频4-1-9

图4-1-11　胫神经压点

【实战应用】　执法对象俯卧,多名警察控制其上肢及另一条腿,若执法对象仍反抗或攻击警察,警察要迅速跪压其小腿中段的胫神经,使其因痛屈服放弃抵抗,再结合徒手技术进行控制。

4. 踝前腓深神经击打

【动作要领】 当执法对象上前攻击警察时，警察要迅速使用前踢技术，用脚尖踢击执法对象小腿与脚背的连接处，使其停止向前，然后迅速进行控制（图 4-1-12）。

图 4-1-12　踝前腓深神经击打

【实战应用】 当执法对象在正面攻击警察时，警察在格挡的同时要迅速使用前踢技术，用脚尖踢击其小腿与脚背的连接处，使其停止向前，再结合徒手技术进行控制。

（四）消极对抗处置

1. 三对一压点控制（执法对象坐姿或蹲姿）

【动作要领】 执法对象坐姿或蹲姿，控制小组的成员以三角包围战术站位，A 警察（压点手）站在执法对象右后方，B 警察站在执法对象左后方，C 警察（谈判者）站在执法对象右前方。C 警察先行警告，警告无效后，A 警察从右后方接近，将左手放于执法对象的前额，固定住头部，胸腹部紧贴其后脑，形成稳定的固定；同时，A 警察口令指挥 B、C 两名警察上前迅速控制其双手；A 警察右手大拇指指尖突出，用指尖迅速找到执法对象的下颌角神经点，并向执法对象鼻尖方向施压，施压后配合语言控制，使之因疼痛而服从指令，可结合徒手控制技术（图 4-1-13、视频 4-1-10）。

视频4-1-10

【实战应用】 执法对象坐姿或蹲姿，拒绝劳动或超越警戒线时，警察警告无效后，可采用三人小组压点控制技术。

图 4-1-13　三对一压点控制（执法对象坐或蹲姿）

2. 三对一压点控制（执法对象站姿）

【动作要领】　执法对象面对墙或背靠墙站立，控制小组成员采用半包围战术站位，在前的指挥员向其进行口头警告，若警告失效，指挥员向其他警察示意，前两名警察同时上前控制其双手，指挥员固定其头部（以墙面为辅助），按压其下颌角神经点，同时配合语言控制，引导其配合警察执法，然后两名警察迅速上手腕锁并带离现场（图 4-1-14、视频 4-1-11）。

视频4-1-11

【实战应用】　执法对象靠墙站立，拒绝劳动或超越警戒线，警察警告无效后，可采用三人小组压点控制技术。

图 4-1-14　三对一压点控制（执法对象站姿）

压点控制技术运用（情景训练）

案例一

（一）执法对象基本情况

徐某，男，1972 年出生，1989 年曾因犯盗窃罪被判处有期徒刑 1 年，1996 年又被中级人民法院以盗窃罪判处有期徒刑 12 年，剥夺政治权利 2 年，1996 年 5 月被投入某省第四监狱服刑。

赵某，男，30 岁，2001 年被某人民法院以盗窃罪判处有期徒刑 5 年 6 个月，2001 年被投入监狱服刑。

（二）案件经过

徐某和赵某素来不和，在生活和生产中经常发生矛盾，两人之间积怨已久。2003 年 9 月 8 日，监区警察组织服刑人员集体放风时，两人在放风的操场上再次因运动中的肢体碰撞而发生口角，冲突迅速升级为肢体冲突。徐某与赵某发生打斗，徐某身材高大，很快将赵某摔倒在地，并扑到赵某身上继续殴打。现场执勤警察蔡、徐两人立刻上前制止并进行控制，汤警官负责现场警戒并协助控制两人。在蔡、徐两警官从两个方向接近两人时，汤警官喝令其他服刑人员散开并全部抱头蹲下。蔡警官首先将徐某从赵某身上拉开，并对其进行控制和上铐，汤警官协助蔡警官控制徐某的另一只手。此时赵某突然起身对被控制住的徐某进行攻击，徐警官立刻上前，从后锁喉并控制住赵某，将其拉开并放倒在地，在对赵某进行跪压的同时，控制其右手，然后上铐。在蔡、汤两警官将徐某带离现场后，汤警官返回现场，协助徐警官控制赵某，并将其带离现场。

● 思考分析

1. 三位干警是如何接近执法对象并配合分工的？
2. 如何使用压点技术及两警察要如何配合？
3. 对于弱势的执法对象有什么控制要求？
4. 证据要如何固定？

案例二

（一）执法对象基本情况

张某，男，1972 年出生，1999 年因犯故意伤害罪被某市人民法院判处有期徒刑 4 年，

2000 年被投入监狱服刑。

(二)案件经过

2003 年 3 月某日，警察在生产车间巡查时，发现张某在劳动岗位上没做事，便上前询问。张某低头沉默，在询问无果后，警察发现张某双手紧握，看起来比较激动。警察打开执法记录仪，要求张某起身到办公室去。张某突然坐到地上，情绪激动地叫道："我没犯错，不和你走，你能把我怎么样，有种你打我啊!"这时旁边的服刑人员都在观望，警察马上呼叫支援，并对其进行语言警告。其他值班警察马上赶到现场警戒并维护秩序。在多次警告无果后，为了维护现场秩序，三名警察迅速控制住张某并将其带离。

● 思考分析

1. 如何对现场的形势进行评估？
2. 警察要如何分工配合？
3. 压点控制技术的运用强度如何掌握？
4. 证据要如何固定？

📝 学习任务 2 徒手控制技术

学·习·目·标

1. 了解徒手控制技术的原理，理解其机理作用，更快更好地掌握技术。
2. 掌握各种关节控制技巧，提高执法能力。
3. 通过案例演练提高运用控制技术的能力。

一、徒手控制技术的原理

警察在执法过程中，不管是谈话教育，还是缉捕逃犯，都需要近距离地接触执法对象，一旦谈话教育转变为冲突，徒手控制就显得至关重要。因为警察要将执法对象控制在可控范围内。

徒手控制技术的运用特点是以反挫、固锁控制人体主要的运动关节，制约人体运动的链子系统，使人体完全丧失运动自由度而无法反抗。警察在控制执法对象时，要抢先使用徒手控制技术，在尽量不造成人身伤害的情况下将执法对象控制住，所以掌握徒手控制技术对于警察来说尤为重要。

控制技术的运用分四个部分：一是破坏平衡，反挫、固锁人体关节；二是制约人体运动的链子系统，使执法对象完全丧失运动自由度；三是利用杠杆原理，采用反关节动作；四是利用人体穴位和要害部位进行控制。

(一)破坏平衡,反挫、固锁人体关节

关节是人体运动的枢纽，它由骨与骨组织连结而成，骨连结分为无腔隙的骨连结和有腔隙的骨连结。无腔隙的骨连结即骨与骨之间没有任何间断和缝隙的连结，有腔隙的骨连结主要由关节面、关节囊、关节腔所组成，即有腔隙关节。徒手控制所使用的关节技法主要是反挫、固锁人体的有腔隙关节，如人体上部的掌指关节、腕关节、肘关节、肩关节、头颈相连结的寰枕关节，以及下肢部位的髋关节、膝关节等。

警察在擒拿时，可以反挫、固锁执法对象的运动关节，通过对某一个关节进行搬、拉、顶、压，并进行不同方向上的折、拧、挫、旋，就会对骨与骨相连结的关节处造成旋挫，运动的自由度自然要受到制约。当关节部位形成旋挫而受到压力时，稳固关节的韧带和肌肉的对等力就会因此而失去对应力，导致执法对象丧失反抗能力。故而，破坏平衡，反挫、固锁人体关节，是徒手控制技术的特点之一。

(二)制约人体运动的链子系统

人体的运动表现为肢体的运动和身体的移位运动，而人体的移位运动又是以肢体的运动为前提的。肢体的运动不单是某一关节骨杠杆的运动，而是相邻几个关节乃至全身的运动。因而肢体的运动又以链运动系统的形式出现，并依据人体的解剖结构、相邻关节的运动关系，组成不同的运动链子系统。它们之间相互支持、制约，从而做出各种复杂运动。因此，运用控制技术，不能只知对某一个关节进行抓拿反挫，而要考虑身体整个运动链子系统的运动特点。从人的整体运动的角度去认识和把握，辩证地处理局部和整体的关系，控制局部关节从而控制全身，才是进行控制的关键所在。

(三)利用杠杆原理，采用反关节动作

徒手控制技术要求警察合理地利用运动力学、生物力学原理，结合人体结构，寻找最有利的着力点和方向，利用杠杆作用，采用反关节动作控制执法对象。比如，可用拉肘别臂控制法对执法对象实施控制：左手挡住执法对象的右臂内侧，右手抓住其右手臂肘关节处，以左推右拉的形式，猛力拷挑其肘关节，以拧推、拉肘、向右转体的连贯动作后别其臂，按压擒伏。在别臂、按压擒伏的过程中，着力点和方向是控制执法对象的关键。其肘臂处为着力点，警察左手按压其右肩大臂，以这里为支点，从而形成压大臂撬小臂的杠杆力。在别臂撬压的情况下，固锁住其肩、肘关节，使其丧失自由度，从而无法反抗。

(四)利用人体穴位和要害部位进行控制

在人体解剖学中，把穴位称为神经压痛点，将与人体重要生命器官相关联的部位视为要害部位。不管是穴位，还是要害部位，均与人的生命活动息息相关。这些部位在人体上

比较暴露,承受外界暴力击打的能力较差。警察可以准确地掐拿、击打执法对象的穴位,使其丧失抵抗能力。

以上四个要素是学习和运用徒手控制技术的钥匙。知晓了控制技术的原理,也就把握了控制技术的运用规律,要用原理指导实践,使徒手控制技术更好地服务于警察执法。

二、关节控制技术

(一)倒地骑压控制

1.低位骑压控制

【动作要领】 执法对象背部着地后仍反抗,警察要迅速骑压在其身上,上体前倾,双膝支撑地面,用左手按压执法对象耳后的下颌角神经点,右手抓握执法对象左手,将其按在地面上进行控制(图4-2-1、视频4-2-1)。

【实战应用】 当执法对象倒地后仍反抗时,警察应用低位骑压技术将其控制,等待其他警察的配合,控制后带离。

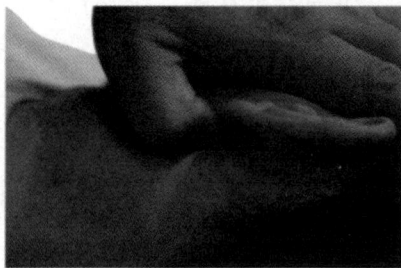

图 4-2-1　低位骑压控制

2.侧位固定控制

【动作要领】 执法对象倒地之后,警察以一只手抓握其手腕,另一只手从其肘部内侧穿过,抓握自己的手腕,使其屈肘形成锁扣;双膝跪压其肋骨与头部,通过上提与下压的合力,固定住其身体。在侧位固定的基础上,可通过扭转其肘关节使其身体趴向地面,进而进行双膝跪压控制及搜身(图4-2-2、视频4-2-2)。

【实战应用】 当执法对象倒地成侧卧位时,警察应用侧位固定技术将其控制。

图 4-2-2 侧位固定控制

3. 转肘控制

【动作要领】 在侧位跪压固定住执法对象的基础上，通过扭转其肘关节，让其全身趴地俯卧，进而进行背后上铐及搜索带离（图 4-2-3、视频 4-2-3）。

视频 4-2-3

图 4-2-3 转肘控制

【实战应用】 当执法对象倒地成侧卧位的状态并继续反抗时，警察应用转肘控制技术使其翻身成俯卧状态，然后进行控制。

（二）立姿控制技术

1. 拍臂压肘控制

【动作要领】 执法对象自然站立，以右手戳点、推搡、扼喉等动作威胁警察，警察左前上步，左手向右拍击其前臂，同时右手迅速向左拍打其大臂，两手合力将其肘关节打弯，而后右手与左手合掌，切压其桡神经，使其小臂贴紧自己胸前并感到疼痛，此时应重心下沉，双手协同向内向下发力（图4-2-4、视频4-2-4）。

视频4-2-4

图4-2-4 拍臂压肘控制

【实战应用】 在对峙时，警察从正前方接近执法对象，可利用拍臂压肘技术将其控制住。

2. 手腕锁控制

【动作要领】　警察从右后侧迅速接近执法对象，左手由其腋下穿过，抱握其右大臂，与自己的左胸形成固定，右手抓握其右手背，上提折腕，两手合力屈臂折腕，形成手腕锁，将其控制住（图4-2-5、视频4-2-5）。

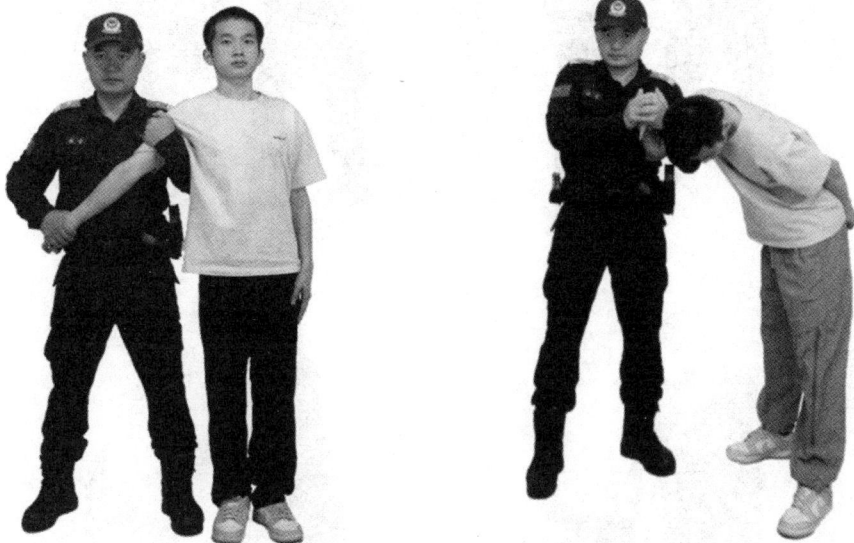

视频4-2-5

图4-2-5　手腕锁控制

【实战应用】　警察从执法对象的右后方接近，可利用手腕锁技术将其控制住。

3. 十字别臂控制

【动作要领】　警察从右后侧迅速接近执法对象，左手从后面抱握其右臂，与自己的左胸形成固定，右手抓握其右手手腕，迅速向其腹部横击，迫使其收腹弯腰，警察顺势侧向站位，头部贴于其背部，左手腕迅速立于其手臂前端及自己右手臂之下，与右手形成杠杆作用，上抬并挤压其小臂，使其产生疼痛，从而将其制服（图4-2-6、视频4-2-6）。

视频4-2-6

【实战应用】　警察从执法对象的右后方接近，可利用十字别臂技术将其控制住。

4. 折腕拉肩控制

【动作要领】　警察靠近执法对象右侧，迅速上右步，左手从其右手肘关节内侧插入，并迅速向自己的胸口拉，使其右肘固定于警察的左胸部，同时右手抓握其右手背，迅速抬起，向警察的胸口方向扣压，使其手腕与小臂垂直于警察胸口，为防止其挣脱，警察要收腹含胸，向内转动90度，使其小臂背于背部，左手顺势拉其右臂，进行固定控制（图4-2-7、视频4-2-7）。

视频4-2-7

【实战应用】　警察从执法对象右后方接近，可利用折腕拉肩将其控制。

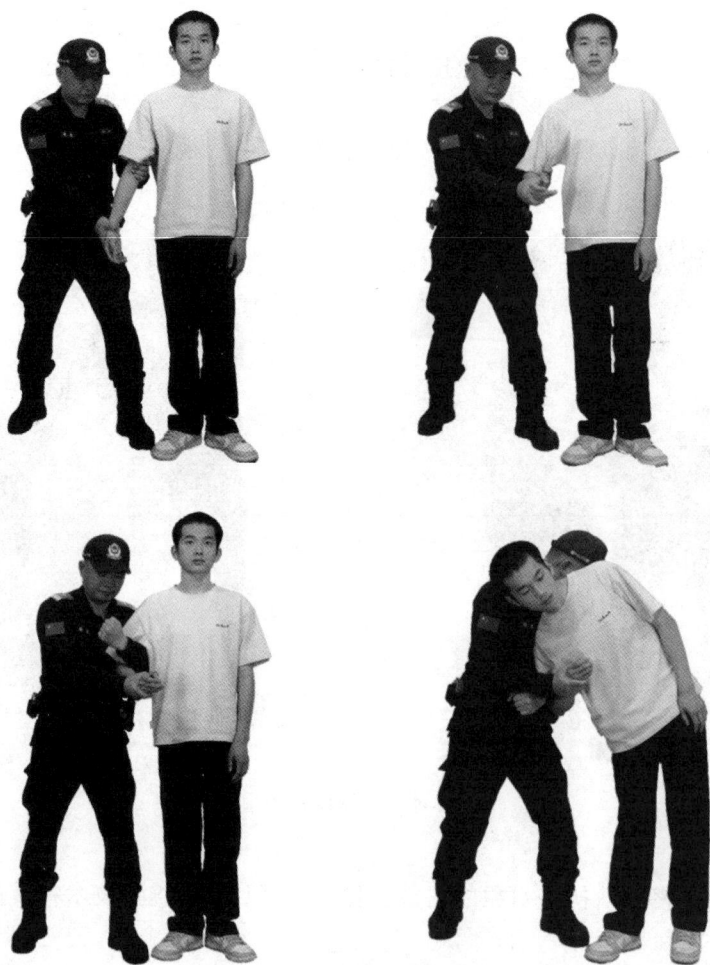

图 4-2-6　十字别臂控制

图 4-2-7　折腕拉肩控制

5. 抓肘折腕控制

【动作要领】　在折腕拉肩控制的基础上，警察要以左手手掌对准执法对象的右手手背，向下折其手腕；右手顺其手臂，接握其手肘处，向内向上推；左手向下向右，右手向内向上，协同发力，进行控制（图4-2-8、视频4-2-8）。

视频4-2-8

【实战应用】　抓肘折腕技术可用于对执法对象的短暂控制或押解。

6. 直臂控制

【动作要领】　警察从右后方接近执法对象，左手抱握其右大臂，右手迅速抓握其右手腕，拧腕使虎口朝下，胸腹部紧靠其手臂肘部，位于其右侧，形成抱臂、压肘、拧腕的姿势，控制住其右臂，然后带离（图4-2-9）。

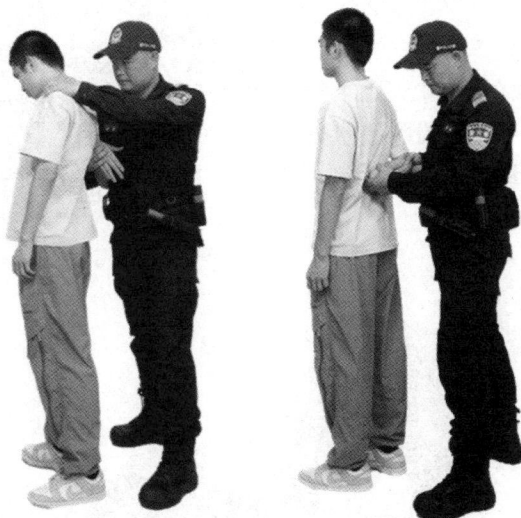

图 4-2-8　抓肘折腕控制　　　　　　图 4-2-9　直臂控制

【实战应用】　警察从执法对象的右后方接近，可利用直臂控制技术将其控制住。

7. 压臂扣颈控制

【动作要领】　在进行直臂控制时，如果执法对象反抗，警察要迅速上右脚，左手迅速抓握其颈部，向左侧旋拧，使其向左看，同时可按压其臂丛神经或下颌角神经点，完成抓握旋拧，同时身体重心迅速下沉，利用身体重量压制其右手臂，完成控制（图4-2-10、视频4-2-9）。

视频4-2-9

【实战应用】　在进行直臂控制时，如果执法对象反抗，可以使用压臂扣颈控制技术。

图 4-2-10   压臂扣颈控制

8. 旋腕压肘控制

【动作要领】   警察从后面接近执法对象的右侧，用右手迅速抓其右
手腕，向警察右后侧拉，左手小臂切压其肘关节上端两厘米处，成反关节
状态，同时向右侧上一大步，迫使执法对象倒地并进行控制（图 4-2-11、
视频 4-2-10）。

视频4-2-10

图 4-2-11   旋腕压肘控制

【实战应用】   警察可从执法对象后方接近，利用旋腕压肘技术将其控制。

9. 臂三角锁控制

【动作要领】　警察从后侧接近执法对象,用右手抓其右手腕,向警察的右后侧拉,左手按压其肩部,使其肘关节成反关节状态;如果其向上挺身反抗,警察要利用反作用力,左手顺势迅速按压其肘窝,使其屈肘折臂;警察左手抓握自己的右手腕,身体左转,左脚迅速后撤使执法对象侧倒,以右膝跪压其腰部,左膝跪压其颈部,双手上提,完成控制(图4-2-12、视频4-2-11)。

视频4-2-11

图 4-2-12　臂三角锁控制

【实战应用】　警察可从执法对象的后方接近,利用臂三角锁技术将其控制住。

10. 拉肘别臂控制

【动作要领】　警察接近执法对象右侧,迅速上步,左手插入其右手腕内侧并上抬,右手向自己体侧方向用力拉其右手肘关节内侧,使其肘关节弯曲,身体迅速右转,右手下压,左臂上抬,以胸为支点固定其右臂,以完成控制(图4-2-13、视频4-2-12)。

视频4-2-12

图 4-2-13　拉肘别臂控制

【实战应用】 警察可从执法对象后方接近，利用拉肘别臂技术将其控制住。

11. 折指压肘控制

【动作要领】 警察从右后方接近执法对象，右手抓紧其右手的无名指和小拇指，外翻上顶，左手迅速下压其右臂肘关节，并向侧前方向稍稍移动，通过上顶下压形成合力，控制执法对象(图4-2-14、视频4-2-13)。

视频4-2-13

图 4-2-14 折指压肘控制

【实战应用】 警察可从执法对象的右后方接近，利用折指压肘技术将其控制住。

12. 抓腕折腕控制

【动作要领】 警察从背后接近执法对象，位于其右后侧，右脚上前一步，双手从上方，抓握其右手掌，随之左脚向侧后方退一步，向后向下牵拉折压其右手腕，迫使其俯卧倒地，然后迅速骑压在其身上，双手在折腕控制的基础上，使其右臂缠绕颈部，完成控制(图4-2-15、视频4-2-14)。

视频4-2-14

【实战应用】 警察可从右后方接近执法对象，利用抓臂折腕技术将其摔倒并进行控制。

13. 背三角锁控制

【动作要领】 警察正面接近执法对象右侧，迅速贴近其身体右侧，左手抓握其右手腕上提，右手经其手臂后侧插入并抓握自己的左手腕，然后迅速右后转身，左手向其背部提腕，使其屈肘，右手肘关节下压其肘窝，使其倒地，完成控制(图4-2-16、视频4-2-15)。

视频4-2-15

【实战应用】 警察可从执法对象右前方接近，利用背三角锁技术将其控制住。

图 4-2-15 抓腕折腕控制

图 4-2-16 背三角锁控制

14. 锁喉摔控制

【动作要领】 警察从后方接近执法对象，右手迅速从其颈右侧插入并上提，锁控其喉部，左手搂抱其左臂，顶髋后退下压，两脚分开，将其向后摔倒；同时迅速向左侧下压倒地，右脚前骑，左手抓握其左小臂，形成骑压控制（图4-2-17、视频4-2-16）。

视频4-2-16

【实战应用】 警察可从右后方接近执法对象，利用锁喉摔技术将其控制住。

图 4-2-17 锁喉摔控制

(三)二对一控制技术

1.别臂压臂控制

【动作要领】 A警察在执法对象的右后侧，B警察在其左后侧，从左右两侧自然接近执法对象。A警察左手抓握其手腕，并向里回拉、反折，同时快速上右脚成右弓步，用右大臂腋下下压其左大臂，别压其肘关节，形成压臂，控制其左肩；B警察同时上前，突然以搓肘别臂动作控制其右手，两警察同时用力下压，将其控制住(图4-2-18、视频4-2-17)。

视频4-2-17

【实战应用】 双警可从执法对象的左右两侧接近，利用搓肘别臂及压臂技术将其控制住。

图 4-2-18　别臂压臂控制

2.绊腿摔控制

【动作要领】 A、B警察与执法对象成三角站位，A警察从其右前方接近，左手迅速抓握其右手腕，向后推击其右肩，B警察从其左前方接近，右手抓握其左手腕，左手抓其颈部，向后推；两警察同时上腿，绊倒执法对象，B警察控制其左手肘，使其向右转体，A警察顺势抓拉其右手臂，向上移动，使其转体，面部朝下，形成双警控制(图4-2-19、视频4-2-18)。

视频4-2-18

【实战应用】 双警可从执法对象正面的左右两侧接近，利用绊腿摔技术将其摔倒控制住。

图 4-2-19 绊腿摔控制

徒手控制技术运用(情景训练)

案例一

(一)执法对象基本情况

刘某,男,1977 年出生,1998 年因犯故意伤害罪被某市中级人民法院判处无期徒刑,剥夺政治权利终身,1998 年 7 月押送监狱服刑改造。刘某平时比较内向,不太服从管理,与他人交往不多,情绪容易激动,因生产上的质量问题和后工序的李某产生了矛盾。

(二)案件经过

某日上午 9 点左右,刘某与坐在其后方的李某发生争吵。刘某起身,来到李某的机位上拉扯他,随即与李某发生扭打。正在巡线的干警发现殴打情况,迅速吹响警哨,要他们分开停下,然而没有效果。于是两名干警迅速到达打架位置,干警甲一边喝止无关罪犯待在机位上，一边迅速靠近刘某；干警乙同时从另一个方向靠近刘某。二人一起将打人的刘某向后拉开进行控制，并用言语警告被打的李某抱头蹲下。李某原本在自己机位上与刘某打架，此时已经在狭小的机位处蹲下。而刘某仍然挣扎反抗，两名干警便使用控制技术将其按倒在地上，然后为其上铐，将其带往办公室后进行后续处理。

● 思考分析

1. 双警接近执法对象时的前期工作有哪些？

2. 警察在斗殴现场怎样配合站位？对其余的执法对象如何进行警告控制？

3. 双警协同时，如果空间比较狭小，要使用何种控制技术？

案例二

(二)执法对象基本情况

徐某，男，1980 年出生，因抢劫罪被判处有期徒刑 8 年。徐某性格相当偏执，曾因违规和不服干警处理而采取自伤自残的方式进行软抵抗，曾多次打架斗殴。

(二)案件经过

2018 年 9 月 28 日上午 10 时，生产小组长李某复检徐某的产品质量，指出徐某的产品质量很差，需要返工。徐某不服，提出异议。其他罪犯进行检测后，认为确实质量较差。徐某便大声谩骂其他人和李某是一伙的。于是李某和徐某便相互拉扯起来，一名罪犯单某则故意拉住徐某，此时徐某更为冲动，拿起生产模具准备砸向李某，后被旁边的罪犯抢下。此时，在旁边围观的罪犯已有五六人，巡查警察听到吵闹声后立即跑了过来，其他当班警察也从另一边围了过来。但生产线上的过道只有 1 米左右的宽度，最多只能同时通过两人，而且围观罪犯越来越多，使得警察的处置相当麻烦。巡查警察在第一时间赶到现场后，便大声制止徐某、李某及单某，并大声驱散围观罪犯，但效果不佳。增援的警察赶到后，便首先拉开了李某和单某，巡查警察也拉住了徐某。警察此时对双方都采取了一些温和的控制。但此时徐某依旧在骂骂咧咧，李某一听，就想冲过去打徐某，两者又开始发生冲突。此时警察便采取了一些强制手段，先将李某和单某带往办公室，徐某则在被巡查警察控制后，被带往另一间办公室进行谈话。

● 思考分析

1. 执法现场的过道狭窄，行动不便时，应如何行动？

2. 在执法现场容易发生围观现象，在驱散围观人员时，如果当时警力较少，应如何处置？

3. 在案例二中，如果使用催泪器，会有何种不便？

📋 学习任务3　搜身与押解技术

一、搜身技术

对执法对象进行人身搜查是法律赋予警察的权利，执法对象必须服从。警察进行的搜身一般指对进入"三大现场"的执法对象的人身及其所携带物品的检查，其目的在于及时控制和查获执法对象私藏的法律法规所规定的违禁品、违规品，以便发现、消除执法对象违法违纪的机会和条件，防止安全事故的发生。

（一）搜身的基础知识

警察进行搜身时，需近距离接触执法对象，具有不确定的危险性，执法对象可能做出袭警和反抗行为。

（1）搜身必须在可控制的前提下进行，切忌在未控制时就进行搜身。

（2）搜身时应伴随着语言引导，指令应明确、简短，语气坚定。

（3）搜身、警戒分工要明确，对多人进行搜身时要由主到次逐个进行。

（4）搜身时应选择有利地形，不宜在狭窄的过道等不利于警察控制的区域进行。

（5）对女性执法对象进行搜身时，应当由女警察执行。

（二）搜身的手法与部位

1. 搜身的基本手法

搜身的基本手法指对执法对象的身体进行搜查时采取的接触方式。

（1）轻触式。在有效控制执法对象的前提下，用指腹贴于其衣服，沿身体上下缓慢移动，以便触及异状物体的一种搜身方式。

（2）翻撩式。在有效控制执法对象的前提下，翻撩其衣服，打开其衣袋，由上向下，逐层取拿衣袋内的物品进行检查，以便发现违禁品的一种搜身方式。

2. 搜身的主要位置

搜身的主要位置有衣物、头部、四肢、躯干、鞋子等。

3. 搜身的顺序

搜身顺序应遵循由后至前、由上至下、由外至内，先重点部位、后次要部位的原则。

（三）立姿搜身

立姿搜身技术是在执法对象站立状态下对其进行搜身的技术，主要分为立姿无依托搜身和立姿有依托搜身。警察在执勤过程中对执法对象进行常规搜身，执法对象有一定的攻击性或怀疑执法对象藏匿违禁物品时，可以使用立姿搜身技术。

1. 立姿无依托搜身

【动作要领】　警察控制执法对象，令其高举双手，十指分开，缓慢转身背向警察，头转向一侧，双腿分开，脚尖向外，双手十指交叉抱头。警察由右后侧接近执法对象，左脚放在其右脚后，用小腿顶靠控制，左手抓握其小指交叉处后拉，使其身体重心后移，手肘顶靠其两肩中间部位进行控制，按从右向左、从上到下顺序依次搜身，右侧搜身完毕，交换控制，以相同方法搜查左侧(图 4-3-1、视频 4-3-1)。

视频4-3-1

图 4-3-1　立姿无依托搜身

【实战应用】　警察要控制牢固并时刻保持警惕，做好遭遇抵抗的准备，搜身要仔细、不留死角。

2. 立姿有依托搜身

【动作要领】 警察控制执法对象，令其高举双手，十指分开，缓慢转身背向警察，双手背贴于墙等支撑物上，双腿向后撤，与支撑物保持适当距离并分开，脚尖向外。警察由右后侧接近执法对象，左腿放在其右脚后，以小腿顶靠控制，右手按压其肘外，使其头转向左侧，按从右向左、从上到下顺序依次搜身，一侧搜身完毕，换手控制，再搜查另一侧，搜身时要注意观察其反应，及时做出应对措施(图4-3-2、视频4-3-2)。

图4-3-2 立姿有依托搜身

【实战应用】 立姿有依托搜身多用于较危险的执法对象，搜身场所不宜狭窄，防止遇反抗时不利于保持安全距离或进行控制，在搜身过程中发现凶器或其他威胁较大的物品时应及时与警戒警察沟通，使警戒警察能迅速提高警戒级别，调整武力使用层级。若遇反抗，可双手协力推压执法对象背部，利用反作用力迅速后退，保持安全距离，再行处置，或直接用控制技术将其制服。

（四）卧姿搜身

视频4-3-3

卧姿搜身技术是在执法对象俯卧状态下对其进行的搜身技术。警察在执法过程中为了判定执法对象是否藏有违禁物品时，可以使用卧姿搜身技术。

【动作要领】　警察控制执法对象，令其双手后背（或上铐），警察靠近执法对象，拉其肘部使其侧卧，背部靠于警察的小腿，一侧搜身完毕后，用手压背控制，从其头前绕至另一侧，以同样方法进行另一侧的搜身，搜身完毕后带离（图4-3-3、视频4-3-3）。

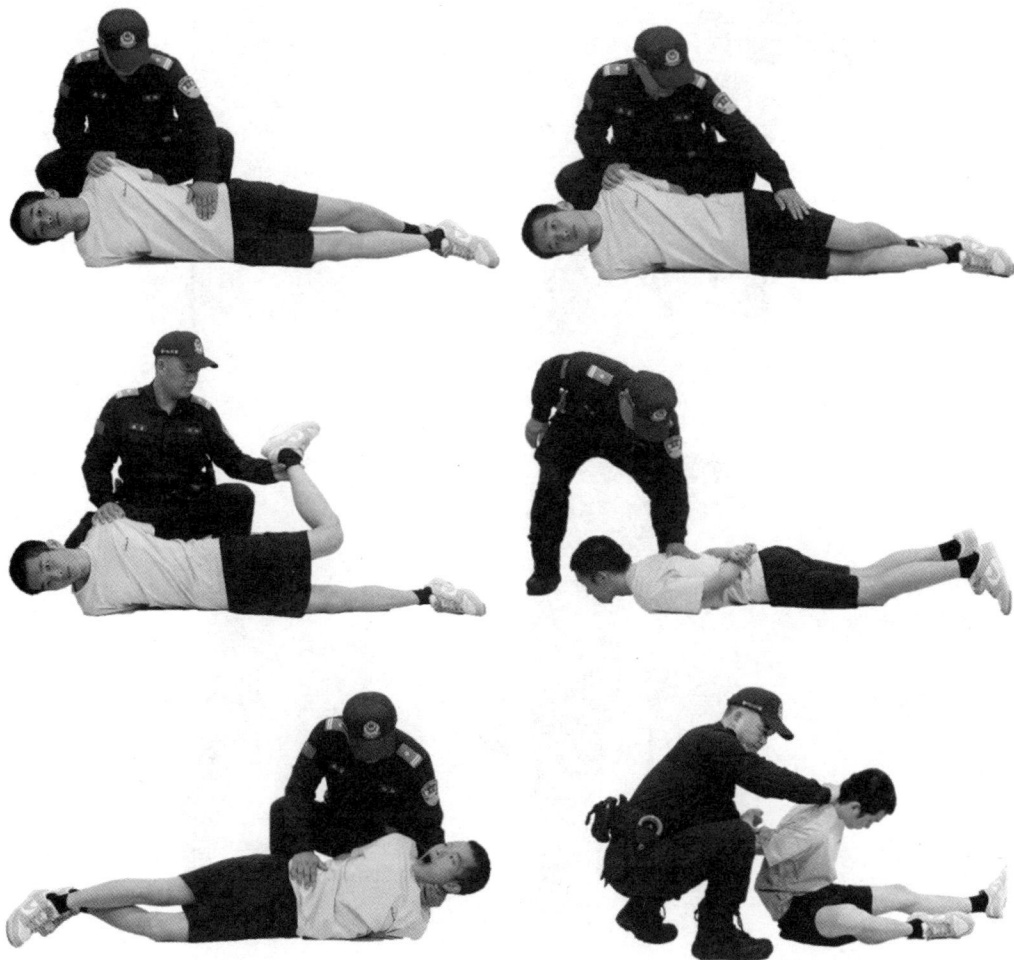

图4-3-3　卧姿搜身

二、押解技术

押解指警察通过控制执法对象的肢体，限制其行为能力，将其押送到指定位置的执法过程。押解技术主要有折腕拖颌、别臂托颌、正向手腕锁。

1. 折腕拖颌

【动作要领】 警察双手抓握执法对象的右手肘部，右腿顶膝，右手小臂从其腋下穿过，向后拉时要贴紧自己的身体，左手折其腕并交于右手，左手将其左肩向后拉，左手掌推其右下颌，小臂切压其左肩斜方肌，完成控制（图4-3-4、视频4-3-4）。

视频4-3-4

图4-3-4 折腕拖颌

【实战应用】 警察可使用折腕拖颌押解技术将执法对象押解到指定位置。

128

2. 别臂托颌

【动作要领】 警察站于执法对象右后侧，双手分别控制其右手腕和手肘，进行分散式打击后，左手从其腋下穿过并上挑，然后向下向内旋压其大臂，别小臂，右手控制其手肘，双手协同用力向后拉，使其手臂贴紧自己，右手松开手肘，以其右肩为支点，向左上方托颌，完成控制(图4-3-5、视频4-3-5)。

视频4-3-5

图 4-3-5 别臂托颌

【实战应用】 警察可以使用别臂托颌押解技术将执法对象押解到指定位置。

3. 正向手腕锁

视频4-3-6

【**动作要领**】 警察从右后侧迅速接近执法对象，左手由其腋下穿过，抱握右大臂，与自己的左胸固定，右手抓握其右手背，上提折腕，两手合力屈臂折腕，形成手腕锁，控制执法对象（图4-3-6、视频4-3-6）。

图 4-3-6　正向手腕锁

【**实战应用**】 警察可以使用正向手腕锁技术将执法对象押解到指定位置。

学习单元五　课程考核

学习目的

1.通过考核提高学员在复杂情况下的技术运用能力。
2.增强学员的心理素质。
3.提高学员应对危险情况的能力。

学习任务1　案例考核

一、考核案例一

(一)案例描述

某日,某省某监狱三监区服刑人员李某(因抢劫罪被判有期徒刑10年)一反常态,情绪激动,几次险些与他犯发生打架事件。分监区警察立即对该犯进行包夹监控。当晚,有人向警察报告:"李某身上藏有一支磨得非常锋利的牙刷,好像还喝过酒。"收到情报后,分监区立即组织对李某进行突击搜身和小规模清监,经过清查,在李某的床管内发现一支尾端磨得很尖锐的约20厘米长的废弃牙刷,在其储物柜底部夹层里搜出一个150毫升的玻璃制二锅头酒瓶,有效防止了一起流血案件的发生。预审时,李某交代意图在熄灯后对他犯行凶报复。监区决定予以李某一次关禁闭处罚,在此过程中警察需要使用徒手带离技术。

(二)案例考核要点

考核要点一:警察该如何预防此类事件的发生?

考核要点二：警察应如何徒手带离服刑人员？

二、考核案例二

（一）案例描述

某日 14 时许，监区警察日常对在后勤监区劳作的全体服刑人员进行人身检查，在检查过程中，在服刑人员赵某身上搜出 4 张服刑人员的生活卡，其中 3 张是其他服刑人员的生活卡；在服刑人员孟某身上搜出 3 张服刑人员的生活卡，其中 2 张是其他服刑人员的生活卡。15 时左右，监区警察听见食堂操作间传来一声很大的响声，副监区长、警察 A 和当班警察 B 立即查看情况，发现赵某正在殴打服刑人员王某。监区警察立即大声喝止，赵某仍不听劝，反而跑进食堂加工间，继续追打服刑人员张某。副监区长跑进操作间将赵某控制住，强行将其拉出，制止了打架。在这个过程中，发现还有一名服刑人员被打倒在地，不知伤势如何。赵某被带入办公室后依然气焰嚣张，继续威胁他人。副监区长安排分监区长将赵某进行戴铐处理，然后将倒地受伤的服刑人员送往监内医院，并安排警察 A 办理赵某的戴铐手续。

（二）案例考核要点

考核要点一：警察应如何处置服刑人员间的斗殴事件？
考核要点二：警察应如何正确使用徒手控制技术？
考核要点三：警察应如何正确使用戴铐后的带离技术？

三、考核案例三

（一）案例描述

某日 18 时许，某监区的五名干警带押监区所有服刑人员前往食堂就餐，在食堂门口整队集合时，某犯突然从集合队伍中冲出，并迅速冲向食堂后的围墙刺网，其互监组成员试图拦截，但因该犯身体强壮，未能成功。当班干警发现情况后，两名干警迅速追上，其余干警控制现场其他服刑人员。该犯冲至围墙刺网后，试图攀爬刺网，被两名追击干警拦下，随后一名干警增援赶到并控制住了现场，经过一番挣扎，三人合力将该犯制服，并带离现场。

（二）案例考核要点

考核要点一：警察应如何协同作战？
考核要点二：在冲突现场，警察应如何控制现场？

四、考核案例四

(一)案例描述

某日，在收工回监所的途中，服刑人员王某以汇报思想为由接近管教警察陈某，然后企图以勒颈、持刀胁迫等暴力手段劫持警察，被警察和边上的服刑人员当场制服。

案发后，监狱及时开展了调查，调查发现：王某在收到家信后，觉得太对不起父母，刑期又长，认为改造不下去了，便产生了脱逃念头。随后，王某开始寻找机会劫持警察，实施脱逃计划。王某经观察发现，监区白班出收工是要进行人身检查的，中班却从不进行人身检查，每天20点30分左右都有零散的人收工回监。王某觉得有机可乘，便在某天晚上在劳动现场将生产用的锉刀磨尖，套在自制的铁套里，并一直藏在裤子里；又把缝制枕头和捆棉絮用的两根绳子和磨好的锉刀一起藏在身上。王某计划某天实施劫持人质脱逃计划，因未达到收工人数请不到假未遂。第二日20时许，王某欺骗其师傅次日上午想去教学楼看个朋友，与师傅换了班。第三日早上，王某将他人藏在壁洞内的电子表藏在身上，晚上以肚子痛为由向值班干警陈某请假收工回监。20时45分许，当收工队伍行进到生产区的主路时，王某以找管教警察陈某谈心为由，穿过队伍，从后方突然用左手勒住陈某的脖子，企图劫持警察实施脱逃计划。陈某及时做出反应，在另一警察及边上服刑人员的配合下将王某制服。

(二)案例考核要点

考核要点一：干警在应急状态下如何使用解脱控制技术？
考核要点二：干警应如何提高个人的防卫能力？

五、考核案例五

(一)案例描述

某日20时5分，某监狱一服装生产车间在收工前的清查中，发现少了两把小剪刀和一把锥子，带班警察立即关闭车间大门，命令服刑人员原地不动，并向值班室内的分监区长报告。分监区长随即将在场警察分为两组，一组对70名服刑人员搜身，一组和技术人员对整个车间进行清查。

经过仔细清查，在服刑人员王某(因故意伤害罪被判15年，余刑10年)身上搜到了锥子，在车间原料间内找到两把剪刀，后经逐个排查，确认剪刀是王某的同舍犯朱某所藏，他们准备找机会对有过节的同舍犯段某行凶报复。

（二）案例考核要点

考核要点一：监所警察该如何安全地对服刑人员进行人身检查？
考核要点二：监所警察在此类事件中该如何合理地分工协作？

六、考核案例六

（一）案例描述

服刑人员胡某因犯盗窃罪被判处有期徒刑 1 年 2 个月，该犯之前多次服刑，对改造持无所谓的态度，性格偏激，对警察的教育进行软抵抗。某日，分监区组织所有新犯进行队列训练，该犯以身体不适为由拒绝参加训练，抱住监舍床架进行抵抗。值班干警上前劝说，该犯仍然拒绝训练并出言不逊，值班干警束手无策。

（二）案例考核要点

考核要点一：监所警察该如何处置此类事件？
考核要点二：此类事件的处置流程有哪些？

七、考核案例七

（一）案例描述

某监区劳动车间的某条生产线上，服刑人员谢某为生产线组长，服刑人员陈某为生产线组员。因工序及质量问题，谢某在生产线上责怪陈某，两人平时便不和，因此事而发生争吵，陈某就此罢工并坐地不起。此时，车间劳动现场有三名警察。

（二）案例考核要点

考核要点一：值班干警应如何处置此类事件？
考核要点二：如果你是指挥员，要如何指挥另外两名警察协同处置？

八、考核案例八

（一）案例描述

某日，服刑人员李某因不服从管教而被干警带入办公室谈话，李某体格瘦小，其左手从手铐中偷偷挣脱出来，被巡查警察发现。警察解开手铐后准备重新上铐，李某趁警察解除手铐的时机，用头迅速撞击窗户进行自残。巡查警察见状立即锁喉将其制服，并将其按倒在地，然后采用背铐的方式将其带至警察办公室。

（二）案例考核要点

考核要点一：干警使用锁喉技术控制是否合理？
考核要点二：干警应如何预防此类事件的发生？

九、考核案例九

（一）案例描述

某日，监内走廊上有两名服刑人员发生口角，并引起了其他服刑人员的围观。三名警察闻讯后及时赶到现场进行处理。警察到达现场时，发现两名服刑人员并没有发生打架行为，只是周围有许多服刑人员在围观。此时警察要求其他无关服刑人员不要围观，并回到监舍里去，大部分都服从命令回到了监舍，只有一名不听从安排，并对警察发出了言语挑衅。

（二）案例考核要点

考核要点一：干警应使用什么技术处置此事？
考核要点二：干警应对消极抵抗时，应遵循哪些执法原则？

十、考核案例十

（一）案例描述

某日，某看守所送来 5 名新犯，警察在办公室进行物品常规检查。一名年龄较大的新犯突然十分激动，冲着警察大喊："你有什么资格动老子的东西，不准你动。"警察只是回应道："你新来的，不懂规矩，这只是最常规的检查了，你要配合的。"便不予理睬继续检查。此时，原本蹲在墙边的新犯突然冲向墙角，拿起扫把对警察猛扑，扫把头当即被打断，只剩下木棍握在手中。其他在场新犯立即冲上前去试图拉住他，在场的其他警察立即喝令他放下木棍，抱头蹲下。另外两名同行的新犯也跟着起哄，有帮腔造势的架势。不明情况的其他犯人也越聚越多，前来围观。

（二）案例考核要点

考核要点一：干警应如何应对此类情况？
考核要点二：干警对前来围观的无关人员应做出哪些措施？

学习任务 2　体能考核标准

一、主要考核内容

主要有引体向上、仰卧起坐、杠铃深蹲、立定跳远、100 米跑、4×10 米折返跑、男 1000 米跑（女 800 米跑）、坐位体前屈等八项考核内容，见表 5-2-1。

表 5-2-1　体能考核主要内容

类别		项目	标准	评级			
				A 等次	B 等次	C 等次	D 等次
力量	上肢	引体向上	下颚过杠，还原时两臂伸直	大于等于 25 个	15～25 个	10～15 个	少于 10 个
	腰腹	仰卧起坐	计数 1 分钟内的次数	大于等于 60 个	50～60 个	40～50 个	少于 40 个
	核心	杠铃深蹲	杠铃重量为自身体重的 80%，膝关节可屈 90 度以下	大于等于 15 个	12～15 个	8～12 个	少于 8 个
	下肢	立定跳远 男		大于等于 2.7 米	2.5～2.7 米	2.3～2.5 米	少于 2.3 米
		立定跳远 女		大于等于 2.2 米	2～2.2 米	1.8～2 米	少于 1.8 米
速度		100 米跑 男		少于 12″80	12″80～13″50	13″50～14″50	多于 14″50
		100 米跑 女		少于 14″50	14″50～15″50	15″50～16″50	多于 16″50
灵敏		4×10 米折返跑 男		少于 9″	9″～10″	10″～10″50	多于 10″50
		4×10 米折返跑 女		少于 10″	10″～11″	11″～11″50	多于 11″50
耐力		1000 米跑 男		少于等于 3′40″	3′40″～4′00″	4′00″～4′20″	多于 4′20″
		800 米跑 女		少于等于 3′00″	3′00″～3′20″	3′20″～3′40″	多于 3′40″
柔韧		坐位体前屈 男		多于等于 10 厘米	8～10 厘米	6～8 厘米	少于 6 厘米
		坐位体前屈 女		多于等于 12 厘米	10～12 厘米	8～10 厘米	少于 8 厘米

二、体能考核标准

男民警主要考核 1000 米跑、4×10 米折返跑、1 分钟俯卧撑 3 项内容。女民警主要考核 800 米跑、4×10 米折返跑、1 分钟仰卧起坐 3 项内容。其标准见表 5-2-2、表 5-2-3。

表 5-2-2　男民警考核标准

年龄	评级	1000 米跑	4×10 米折返跑	俯卧撑(1 分钟)/个
24 岁及以下	A	少于等于 4′05″	少于等于 11″10	多于等于 45
	B	4′05″~4′20″	11′10~12′10	35~45
	C	4′20″~4′35″	12′10~13′10	25~35
	D	多于 4′35″	多于 13″10	少于 25
25 岁至 29 岁	A	少于等于 4′15″	少于等于 12″10	多于等于 43
	B	4′15″~4′30″	12″10~13″10	33~43
	C	4′30″~4′45″	13″10~14″10	23~33
	D	多于 4′45″	多于 14″10	少于 23
30 岁至 34 岁	A	少于等于 4′25″	少于等于 13″40	多于等于 41
	B	4′25″~4′40″	13″40~14″40	31~41
	C	4′40″~4′55″	14″40~15″40	21~31
	D	多于 4′55″	多于 15″40	少于 21
35 岁至 39 岁	A	少于等于 4′35″	少于等于 15″10	多于等于 39
	B	4′35″~4′50″	15″10~16″10	29~39
	C	4′50″~5′05″	16″10~17″10	19~29
	D	多于 5′05″	多于 17″10	少于 19
40 岁至 44 岁	A	少于等于 4′50″	少于等于 17″10	多于等于 37
	B	4′50″~5′05″	17″10~18″10	27~37
	C	5′05″~5′20″	18″10~19″10	17~27
	D	多于 5′20″	多于 19″10	少于 17
45 岁至 49 岁	A	少于等于 5′10″	少于等于 19″10	多于等于 35
	B	5′10~″5′25″	19″10~20″10	25~35
	C	5′25″~5′40″	20″10~21″10	15~25
	D	多于 5′40″	多于 21″10	少于 15

表 5-2-3　女民警考核标准

年龄	评级	800 米跑	4×10 米折返跑	仰卧起坐(1 分钟)/个
24 岁及以下	A	少于等于 4′00″	少于等于 12″10	多于等于 45
	B	4′00″~4′15″	12″10~13″10	35~45
	C	4′15″~4′30″	13″10~14″10	25~35
	D	多于 4′30″	多于 14″10	少于 25
25 岁至 29 岁	A	少于等于 4′10″	少于等于 13″10	多于等于 43
	B	4′10″~4′25″	13″10~14″10	33~43
	C	4′25″~4′40″	14″10~15″10	23~33
	D	多于 4′40″	多于 15″10	少于 23
30 岁至 34 岁	A	少于等于 4′20″	少于等于 14″40	多于等于 41
	B	4′20″~4′35″	14″40~15″40	31~41
	C	4′35″~4′50″	15″40~16″40	21~31
	D	多于 4′50″	多于 16″40	少于 21
35 岁至 39 岁	A	少于等于 4′35″	少于等于 16″40	多于等于 39
	B	4′35″~4′50″	16″40~17″40	29~39
	C	4′50″~5′05″	17″40~18″40	19~29
	D	多于 5′05″	多于 18″40	少于 19
40 岁至 44 岁	A	少于等于 4′55″	少于等于 18″40	多于等于 37
	B	4′55″~5′10″	18″40~19″40	27~37
	C	5′10″~5′25″	19″40~20″40	17~27
	D	多于 5′25″	多于 20″40	少于 17

学习任务3　技能考核标准

技能考核的主要内容见表5-3-1。

表5-3-1　技能考核标准

考核项目		考核内容	评分标准
戒备式与步法	戒备式	搭手戒备	A：动作要领正确，力点准确，动作协调，战术意识强； B：动作要领正确，力点准确，动作较为协调，战术意识较强； C：动作要领正确，力点较为准确，动作较为协调，有一定战术意识； D：动作要领不正确，力点较不准确，动作较不协调
		合肘戒备	
		提手戒备	
		格斗式	
	步法	前滑步	
		后滑步	
		左横移步	
		右横移步	
		左斜位进步	
		右斜位进步	
		上步	
		撤步	
		交叉步	
		垫步	
防御技术	内侧防御	提手前推	
		头盔防御	
	外侧防御	前手拍档	
		后手拍档	
	内侧防御转外侧防御	托臂脱离	
		头盔脱离	

续表5-3-1

考核项目		考核内容	评分标准
防御技术	刀械防御	正面持刀上挑	
		正面持刀下劈	
		背面持刀下劈	
		正面持刀威胁	
		背面持刀威胁	
		正面持刀架脖威胁	
		背面持刀架脖威胁	
		正面持棍劈砸	
		正面持棍轮扫	
		正面持棍挤压咽喉	
		背面持棍勒颈	
		面对威胁第三方介入	A：动作要领正确，力点准确，动作协调，战术意识强；B：动作要领正确，力点准确，动作较为协调，战术意识较强；C：动作要领正确，力点较为准确，动作较为协调，有一定战术意识；D：动作要领不正确，力点较不准确，动作较不协调
	徒手解脱	前、后抓发解脱	
		单手抓腕解脱	
		双手抓腕解脱	
		抓衣领解脱	
		前、后抱腰解脱	
		夹颈解脱	
		掐喉解脱	
反击技术	上肢反击技术	掌根击	
		掌背击	
		肘击	
		捶击	
		直拳	
		摆拳	
		勾拳	
	下肢反击技术	前踢	
		低位横踢	
		膝撞	
		正蹬	
		侧踹	
		勾腿	
		截踢	

续表5-3-1

考核项目		考核内容	评分标准
摔法技术	抱腿摔类	接腿前切	A：动作要领正确，力点准确，动作协调，战术意识强； B：动作要领正确，力点准确，动作较为协调，战术意识较强； C：动作要领正确，力点较为准确，动作较为协调，有一定战术意识； D：动作要领不正确，力点较不准确，动作较不协调
		接腿下压	
		接腿挂腿	
		抱腿前顶	
		抱腿旋压	
		抱腿搂腿	
		折腰搂腿	
		压颈搂腿	
	夹抱摔类	侧围圈抱	
		切压摔	
		后位圈抱	
		背心摔	
		抱腰摔	
		夹颈过背	
		抱腰过背	
	抱臂类摔法	切别摔	
		卷腕摔	
		压肘摔	
控制技术	压点控制	下颌角神经压点	
		眶内神经压点	
		舌下神经压点	
		臂丛神经源击打	
		锁骨末臂丛神经击打	
		正中神经、桡神经击打	
		腓总神经击打	
		股神经跪压	
		踝前腓深神经击打	
		胫神经跪压	
		三对一压点	

续表5-3-1

考核项目		考核内容	评分标准
控制技术	关节控制	倒地骑压	A：动作要领正确，力点准确，动作协调，战术意识强； B：动作要领正确，力点准确，动作较为协调，战术意识较强； C：动作要领正确，力点较为准确，动作较为协调，有一定战术意识； D：动作要领不正确，力点较不准确，动作较不协调
		拍臂压肘	
		曲臂折腕	
		十字别臂	
		折腕拉肩	
		直臂控制	
		压臂扣颈	
		旋腕压肘	
		臂三角锁	
		拉肘别臂	
		折指压肘	
		抓腕折腕	
		背三角锁	
		锁喉控制	
		二对一控制	
搜身技术	立姿搜身	立姿无依托搜身	
		立姿有依托搜身	
	卧姿搜身	单人卧姿搜身	
押解技术		折腕拖颌	
		正向手腕锁	
		别臂托颌	